日航的奇迹

稻盛和夫的善念创造的奇迹

日本航空原董事长助理

[日] 大田嘉仁 著

曹寓刚 译

人民东方出版传媒
People's Oriental Publishing & Media

东方出版社
The Oriental Press

用良知唤醒良知

大田嘉仁先生是我的好朋友，曾给予我许多关照。他希望我校正他的著作《日航的奇迹》的中文译本，并写推荐序文。我盛情难却，再加上这本书写的又是稻盛先生领导日航打翻身仗的故事，为这样的作品写序，我更是义不容辞。

该书在书店上架之前，大田先生已经寄给我一本。认真拜读之余，我感觉这确是一本难得的好书。而对照中日文本，一字一句审校译文，咀嚼字里行间的韵味，我不禁情绪高涨，兴味盎然，感动不已。在书中，稻盛先生的音容笑貌栩栩如生，稻盛先生的警句格言掷地有声。真所谓"零金碎玉，美不胜收"。

校对这种具有思想性的作品，对我而言，不只是一项作业，更是绝好的学习机会。我从这本书中已经汲取了丰富的营养。

2010年年初，稻盛先生准备进入日航之时，正是稻盛先生与我们合资的企业"稻盛和夫（北京）管理顾问有限公司"筹备成立之际。稻盛先生是2010年2月1日进入日航的。2010年1月10日，稻盛先生步出日本首相官邸，被记者包围，在回答是否决定去日航时，说，"要再考虑一个礼拜"。

1月11日，我得知此事，吃惊之余，当即写了一篇博客文章，提出两点预测。

第一，只要体力许可，稻盛先生一定会义无反顾，挺身而出，出任日航CEO。

第二，根据我与稻盛先生接触的经验，根据我对他性格的判断，只要稻盛挑起这副重担，我相信日航的成功再建必将指日可待。

1月27日，我又著文《日航重建——稻盛经营哲学的公开实验》。文章在日本网络流传，在日本媒体连篇累牍、口诛笔伐、一片唱衰日航的舆论中，我的鲜明观点显得相当突兀。

后来我想，日本的社会精英们之所以误判，只是因为他们不了解稻盛先生和稻盛哲学而已。

稻盛先生用他的哲学拯救日航，是一个经典的、近乎完美的、理想主义的案例。有人说，稻盛先生简直是超人，一年拯救日航简直是神话。但是，这个看似神奇的故事背后的本质却异常简单，不过是稻盛先生拼命地用自己的良知唤醒了日航员工的良知而已。

用这么简单的思想，就能把这么糟糕的企业，在这么短暂的时间内，搞得这么成功。究竟是为什么呢？很多人至今百思不得其解。那么，请您细读《日航的奇迹》，其中就有大田先生中肯的分析和深刻的见解。大田先生是稻盛先生身边的当事人，他参与了日航起死回生的全过程，并发挥了重要的作用。

许多人对自己的企业，甚至对自己的国家乃至人类的前途忧心忡忡，这同当初许多人对日航前景的担忧，大同小异。

但是，稻盛先生相信人的本质是良知，相信良知人人具备，相信领导人只要"动机至善，私心了无"，把自己的良知发扬光大，并用自己的良知激发部下的良知，一切问题都可以迎刃而解。哪怕像原来的日航那样，被官僚的衙门文化和工会的斗争文化浸染了几十年的问题，都不在话下。

您不相信吗？那您就认真读一读《日航的奇迹》吧。

稻盛和夫（北京）管理顾问有限公司董事长

曹岫云

2019 年 4 月 8 日

目　录

第四章　意识改革

第五章　改变从领导人开始

第六章　提高全体员工的意识，酿成一体感

航空服务业属于高端行业，而日本航空（简称日航——译者注）作为日本具有代表性的著名国际企业，自成立以来，一路高歌猛进。然而近年来，在不知不觉中，日航跌入了赤字经营的境地，最终负债高达 2 兆 3221 亿日元，是日本战后破产企业中最大的实体企业。2010 年 1 月日航宣告破产，震惊了全世界。正所谓"骄兵必败"，日航破产也必然与它的盛气凌人有关。对于这样一家傲慢的企业，日本国民的批评非常严厉，许多有识之士认为，这样的日航即使重建也不可能成功。

但就是这样的日航，在一年后竟然创造了其历史上最高的 1884 亿日元的营业利润，两年后这一数字更是超过了 2000 亿日元，成了全世界利润最高的航空公司之一，2012 年 9 月日航重新上市。日航的成功重建，使为日航重建出资 3500 亿日元的企业再生支援机构（日本帮助企业破产重建的半官半民机构——译者注）获得了超过 3000 亿日元的资本收益，对国家财政做出了很大的贡献。而且一直到今天，日航依然保持着高收益的态势。

那么，到底发生了什么呢？

由于重建成功的速度实在太快，甚至有人怀疑，日航是否在幕后获得了特别的优惠待遇。但是，日本是一个法治国家，更何况日航受到企业再生法（日本专门针对企业破产重建的法律——译者注）的约束，在法院的管辖下开展重建活动，根本不可能有什么幕后交易。

还有人认为，企业破产增强了日航员工们的危机意识，以此为动力，重建得以成功。但日航员工如果具备危机意识，日航就不会破产了。迄今为止的历史已经证明，适用企业再生法的企业中，由于宣告破产而人心浮动，士气低落，进而导致经营更加恶化的比比皆是。实际上，大多数企业的破产重建都是失败的。

本书阐述的是我个人的见解。非常幸运，我在稻盛和夫先生这位无私的经营者身边工作长达 25 年。特别是，在日航重建中，我有幸担任意识改革的负责人，整整 3 年，与稻盛先生朝夕相处。我亲眼看到，日航员工们受伤的心灵是如何一步一步振作起来的。看到大家在企业破产的极限状态下，是如何团结一致，积极乐观，全身心投入重建的。一个由人组成的集团，秉持善念，万众一心，团结奋斗，就能发挥出超乎想象的力量。对这一点，我有了真切的感受。那么，这是怎么做到的呢？原因就在领导人稻盛先生身上，稻盛先生具备让所有人都能认同、都能信服的纯粹至极的善念，具备超越常情的、无边的大爱。这个世界上有不少经营者也曾使企业起死回生，但是有谁能像稻盛先生一样，一开始就以零薪酬为条件，不顾年事已高，比谁都认真，比谁都拼命，全身心投入重建工作，而且重建成功后分文不取，甚至立刻功成身退呢？目睹领导人的这种姿态，感受到他的善意与大爱，作为当事人的日航全体干部员工，重新振作了起来。

　　本书以稻盛先生的经营哲学的核心"成功方程式"为纵轴，通过介绍稻盛先生的故事，以及我在日航意识改革方面的工作，详细阐述稻盛先生纯粹的善念是如何改变日航，并最终使重建走向成功的。如果能让读者理解被称为奇迹的日航重建的过程，给各位的人生带来若干启示的话，那就是我的望外之喜了。

JAL

序 章

◉ 日航破产，请求出马

2010年1月19日，以经营困难和资不抵债为由，日航向东京地方法院提出申请，要求适用企业再生法，宣告破产。当日，社长西松遥及所有董事宣布辞职，日航在企业再生支援机构的支持下，开始破产重建。

日航是象征日本战后经济高速增长的企业。乘着日本经济国际化的东风，日航持续成长，成为代表日本国家形象的企业，业绩辉煌，享誉世界。日航机体上的圆形鹤标得到国民的喜爱，飞行员和航空乘务员成为人们向往的职业。在大学生就职企业人气排行榜上，日航是一家经常名列前茅的公司。

就是这家代表日本的企业，背负着总额高达2兆3221亿日元这一日本战后实体企业最大的债务轰然倒下，成为2010年日本新春时节最具冲击性的新闻。

媒体广泛报道了有关日航经营危机的新闻，但当时我压根儿没想到自己竟然会参与日航的破产重建。后来之所以参与，当然是因为京瓷的名誉会长稻盛和夫先生于2月1日就任了破产重建的日航的会长（董事长——译者注）。

我想稍微回顾一下当时的情况。2008 年，以雷曼兄弟公司破产为起点，金融危机席卷全球，世界性的金融机构接连倒闭，日本也被卷入到前所未有的经济萧条的状况之中。此前早已业绩低迷的日航更是大受打击，到了第二年，日航有可能破产的报道开始见诸报端。因为日航是日本具有代表性的国际企业之一，政府也开始考虑对策。如果是以前的话，国家或许还能给予特殊支持，但当时全日本的企业都在不景气中挣扎，对于已经完全民营化了的日航，国家无法单独给予优惠待遇。

到了年底，破产无法避免的共识逐渐形成。在这种情况下，应该申请适用企业再生法，让日航破产，并在法院的管辖下实施重建。但到底由谁来担任重建的领导人就成了重大课题。

新闻报道中提到，稻盛先生的名字也在候选者之列。对此，稻盛先生自己曾经说，"万一找到我头上，我也不会接受"。日航属国土交通省管辖。国土交通省的大臣曾和企业再生支援机构的相关人士一起来拜访稻盛先生，询问他是否愿意出任会长。稻盛先生推辞道："我对航空业一无所知，再说年事已高，不管你们说什么，我都不会答应。报纸上提到了很多其他人的名字，拜托他们接手不是挺好吗？"

但是，对方没有死心。随着日航境况愈发恶化，破产进入了倒计时。迫于无奈，对方使用了近乎威逼的言辞，要求稻盛先生接任会长："我们没有找其他任何人。如果稻盛先生不接手的话，日航就要在会长空缺的情况下开始重建，那么，重建就可能失败，这样的情况你也可以接受吗？能够重建日航的，除了稻盛先生之外，别无他人。"听了这话，稻盛先生长叹一声。他当时是这么说的："请让我再考虑一下。"但到了第二年1月，稻盛先生下决心接受邀请，同时提出了条件："我会尽我的全力，但我无法100%专注于日航重建（因为同时还有其他工作——译者注），所以请让我以零薪酬出任。"

◉ 三条大义

周围的所有人都反对稻盛先生的决定。首先是年龄问题，当时稻盛先生已经77岁，马上就要78

岁。稻盛先生如果是 60 多岁的话还有可能成功，但当时已年近八旬。所以很多人担心，他的体力和精力都已经跟不上了。此外，还有人认为，日航的重建是不可能的，接手这个烫手山芋会玷污稻盛先生的晚节。稻盛先生的家人、京瓷的伙伴，也都持反对意见。

日航陷入经营危机时，媒体的论调就很难听。稻盛先生就任会长，又使这种论调日趋刺耳。舆论持续批判："对于航空业一无所知，而且年事已高，早已过了经营者的黄金年龄，请这样的人当领导，重建不可能成功，日航一定会二次破产。"对于稻盛先生提出的零薪酬，舆论也持否定态度，认为这是缺乏责任感的表现，讽刺他为"钟点工 CEO"。另外，日航的特殊性也被重点报道，舆论认为这是一家官办性质的企业，官僚主义比政府部门这种官僚组织还要严重，还有好几个工会，这样的企业，无论交给谁都无法成功重建。

没有任何成功的保证，媒体断定重建一定失败。如果真的失败了，恐怕稻盛先生常年积累的信誉等就会付诸东流吧。因此，如果用"得失"来判断的话，这件事对稻盛先生没有任何好处。然而，稻盛先生却选择了火中取栗。我认为，这种选择出于稻盛先生"为社会、为世人做贡献"的人生观，出于"要帮助日航员工"的善意，同时，出于稻盛先生的侠义心肠，"既然受人之托，就不能临阵脱逃"。哪怕把自己的生命奉献给日航也在所不惜。要是这么做了，结果还是失败，因而有污晚节的话，那也是没有办法的事。我认为，稻盛先生已经做了这样的精神准备。而一旦下定了决心，他的脸上就没有了丝毫的疑惑，变得神清气爽。

但是，民众对此并不理解，总是揣测稻盛先生别有所图，揣测日航从政府那里拿到了特别的优惠政策。后来有过这样一件事，在日航重建成功以后，有一家陷入经营困境，在东证一部上市的大型企业邀请我前去演讲，他们想知道"究竟为什么日航重建能够成功"。我在征得了稻盛先生的同意之后，决定前往。

我把大致的过程讲了一遍以后，这家公司的一位干部提问了："稻盛先生和大田先生到底想从日航得到什么好处呢？你们真正的目的究竟是什么呢？"

我一开始不太明白他想表达什么，所以向他再次确认问题的内容。他说："没有任何好处，无偿承担那么艰难的任务，这怎么可能呢。"

"原来是这样！"我第一次知道社会上还存在着这样一种误解。当时我解释说，稻盛先生之所以接手，不是出于得失，而是以100%的善意来做出这个决定的。但是，不管我怎么解释，直到最后，这位干部也无法认同。

不可能仅凭善意就做出这样的决定，这大概就是社会上一般的看法吧。

但是稻盛先生在就任日航会长时，提出的日航重建的"三条大义"，就是这种善意的证明，具体如下。

第一，避免给日本经济带来负面影响。日航的破产象征着日本经济在泡沫经济破灭后的衰退，如果这家曾经是世界第一的航空公司二次破产，全世界都会觉得日本也不行了，无论如何也要防止这种局面的出现。这是第一条大义。

第二，必须保住员工的工作。基于已经制定的重建计划，很多员工将会被精简，但如果日航二次破产，余下的 3.2 万名员工也会失业。无论如何也要保住留任员工的饭碗。这是第二条大义。

第三，如果没有正常的竞争环境，市场经济的原理就不能发挥作用。一旦日航二次破产，日本的大型航空公司就只剩下一家了。这样，没有了竞争，机票价格就可能上涨，服务品质也可能下降。这对于国民和客户是不利的。这是第三条大义。

日航重建有着这三条大义，因为有这样的大义，稻盛先生才下决心接手会长的职务，而其根基，归根结底就是纯粹的善意和利他心。我跟随稻盛先生一起去日航，在现场亲眼见证了整个重建的过程。正是稻盛先生没有任何私利私欲，为了这"三条大义"拼命努力，才让日航的重建取得了成功，对此我深信不疑。

这种"为社会、为世人做贡献""思善行善"的思维方式，是稻盛先生经营哲学的根基，它坚如磐石，无论发生什么事情都毫不动摇。

可能有人认为，靠这种好听的大道理，根本无法成就事业，无法让重建取得成功。但是，自始至终贯彻善意，才是最困难的事情。即使开始是出于善意，但人心脆弱，想到要如此辛苦，多数人在不知不觉中，就会改用得失进行判断。但是，只要将纯粹的善念贯彻到底，就能打动人心，最后就会取得成功。

所谓以纯粹的善念为基础的经营究竟是怎么回事？为什么这样的经营能够获得成功？本书是基于我的理解，将日航的成功重建作为案例向大家阐明上述问题的原因。

第 一 章

因缘而聚

● 生在同一街道，长于同一环境

先做一个简单的自我介绍，并说一下我跟稻盛先生的缘分。我于 1954 年出生于鹿儿岛市药师町，那里曾经是萨摩藩武士的聚居区，离明治维新的功臣西乡隆盛和大久保利通等人的出生地也很近。我上的小学叫西田小学，学校后面的自疆学舍就是萨摩藩时代进行乡中教育的建筑。岛津（岛津齐彬——译者注）先生和西乡先生的思想在这一地区产生了深远的影响。

很多人都知道，稻盛先生也是鹿儿岛人。听说他的父母原先住在离市区稍远的名叫小山田的地方，后来因为父亲开始从事印刷业，所以搬到了药师町，并买了原先武士家的房子，定居了下来。

我进入京瓷工作时，虽然听说稻盛先生是鹿儿岛人，但不知道他具体出生在鹿儿岛的哪个地方。京瓷在鹿儿岛的国分地区和川内地区都有工厂，当时误传稻盛先生就出生在那附近。几年以后，我从亲戚那里得知，稻盛先生的老家和我的老家在同一条街上，距离很近，步行不超过 10 分钟，而且他上的小学也和我一样，都是西田小学。我到现在还记得，当时自己曾大吃一惊。我后来成为稻盛先生的秘书时，稻盛先生也曾经问："你小子出生在哪里?"当我回答"跟您在同一条街"时，稻盛先生也非常惊讶。

当时，西田小学的校长办公室里挂着西乡隆盛"敬天爱人"的条幅，校训是"强、正、美"。老师们反复教导学生"不服输""不撒谎""不凌弱"。在这里，最倡导身体力行，学生经常被鼓励，"是哭泣?还是跳越? 不要哭泣，直接跳过去!"，要鼓足勇气向前进。后来，我升入的城西中学，就在稻盛家的隔壁。

我读的鹤丸高中，学校倡导"For others"，也就是说，要求我们立志成为对他人有用的人，强调利他的重要性。我当时可能是第一次听到这个词，无法深刻理解其含义。但是，可能是"For others"这个词朗朗上口，不知不觉间就刻入了我的心中，所以后来从稻盛先生那里听到"利他"这个词时，很自然地就接受了。

不知道是什么原因，鹿儿岛是"生长之家"（日本的一个新兴宗教组织——译者注）很活跃的地区。稻盛先生从孩提时代就深受其影响，我们家人虽然不是信徒，但因为家里也有"生长之家"的相关图书和杂志，所以，我也在不经意间接受了诸如"改变心态就能改变人生""周围的现象是自己内心的反映"等观念。

我跟稻盛先生相差22岁，他出生于二战前，我出生于二战后，这虽然是一道鸿沟，但由于出生在同一条街，在同样的乡土环境中成长，我觉得我们的基础价值观有很多共通点。之所以有幸在稻盛先生的身边工作，只能说是一种缘分，我对此表示由衷的感谢。

◉ 梦想必能实现

可能是受到了美国电视节目和冒险小说等的影响，我从孩提时代开始就憧憬欧美丰富多彩的生活，想要了解真实的西方生活。在学习了英语、世界史和地理等以后，这种好奇心更加强烈了。当时并没有互联网这样便利的工具，我英语也不好，但我还是拼命努力，利用广播等，希望获得第一手的海外信息。

进入高中后，我果断决定，报名做交换留学生，但要专心准备升学考试，所以没有申请成功。于是我就想等上了大学以后，依靠自己的能力，去国外生活一年。但那时是1美元兑换300日元的时代，出国费用和海外生活费非常高，普通学生靠自己承担费用出国，被认为是非分之想。

为了实现这个理想，首先要准备资金。要父母支援不太可能，所以我做了很多调查，后来发现，如果报考私立大学并走读的话，可以得到丰厚的奖学金。这个奖学金再加上勤工俭学的钱，基本上够在海外生活一年。就是抱着这种不靠谱的计划，我决定报考当时学费最低的京都立命馆大学经济学部。

大学的班主任直到最后都反对我这种动机不纯的选择方式。入学后，高考指导老师的儿子，也是我的同班好友，特地跑到京都来劝说我："你在想什么呢？你应该复读一年，重新高考。"我听他这么说，反而越发想实现自己的计划，更加觉得无论如何都要出国。

我努力勤工俭学，加上获得的奖学金，还有家人的帮助，终于在 1975 年 3 月，大学三年级时，决定休学一年，去海外留学。那年我 20 岁，得以在国外大学学习，并游历了美国、欧洲各国、中近东各国和其他一些亚洲国家。虽然我是一个穷学生，是一个资金有限的旅行者，但这次经历让我获得了很多书本上没有的经验。

在这样的留学生活和旅途中，我亲身感受到了各地区人们的亲切、关爱和善意，这可能是我收获的最大财富。1976 年 2 月，当我从最后一站菲律宾回国时，我深深地感受到，"这个世界上的每一个人都是好人"。"只要拼命祈愿，梦想就能实现。"这次的经历对我此后的人生起到了无可替代的作用。

◉ 投奔激情燃烧的团队

大学复学后没多久，我就开始考虑毕业后的就职方向。因为非常想去海外，所以起初想报考综合商社。但我听说在鹿儿岛出生的稻盛先生在京都创办的京瓷公司正在飞速发展，在鹿儿岛设立了主力工厂，而且京瓷产品的出口比例很高，正在积极拓展海外市场。这引起了我的兴趣，于是在四年级的暑假，我回到老家，和朋友一起，拜访了京瓷的国分工厂。尽管没有预约，但厂长还是接待了我们，最后他告诉我们，"京瓷确实是一家好公司，可是并不容易进哦"。这是我第一次接触京瓷。

尽管如此，我还是向京瓷提交了就职申请，经过当时的社长稻盛先生等人的面试，总算合格了。对于没有阅历的新员工来说，刚刚进入公司都是令人出乎意料的场面。可能因为公司在飞速成长，前辈员工们每天都工作到深夜，工作现场斥责声此起彼伏，从某种意义上来说，这是一个严肃紧张而又热情洋溢的职场。

正如我希望的那样，我被分配到海外营业部，负责精密陶瓷的主要出口市场，即北美市场的销售工作。这个部门只有一个前辈员工和我，因为实在太忙，这位前辈在教了我一个月基本工作内容之后就对我说，"接下来就交给你了"。不仅是我们部门，当时京瓷所有部门都是如此，前辈员工能给予新员工指导的，也就是最初的几个月，之后就会要求新员工"自己学","自己积累经验","有问题的话直接来问我"等。

虽然现在已经不被允许了，但在当时，我们每晚都工作到 12 点左右，休息日也经常出勤，这似乎理所当然。固然很忙碌，由于放手让员工负责，所以大家没有被命令的感觉，都如痴如醉地投入工作，很少有人对高强度的工作提出抱怨和不满。整个公司就是一个激情燃烧的团队。

◉ 包揽所有责任于一身

一进入京瓷，先学习公司的社训，即西乡隆盛的名言"敬天爱人"和公司的经营理念，"在追求全体员工物质和精神两方面幸福的同时，为人类社会的进步发展做出贡献"。对这些话所蕴含的巨大价值，我当时没有深入理解。但是，稻盛先生说，"京瓷的成长，不是因为有了先进的精密陶瓷技术，而是因为注重人心。以心为本，在此基础之上全员团结一致，为达成高目标而奋斗，这才是成长发展的根本原因"。这种说法，给我留下了深刻的印象。

此外，进公司不久，我们就学到了"成功方程式"：人生·工作的结果＝思维方式×热情×能力。用一个方程式竟然可以合理地推导出无法预知的人生和工作的结果。对这个创想，我大为惊叹。而用这个方程式对照我自己的人生，我觉得也很适用。同时，我明白了"思维方式"和"热情"的重要性。这个方程式让我感触颇深。

在我进入京瓷的时候，公司的年度口号是，"用渗透至潜意识的强烈而持续的愿望和热情，去实现自己设定的目标"。在前文中提到的学生时代的亲身经历，让我对这句话感同身受，"完全就是这样"。

当时，京瓷每年都会数次向员工分发京瓷哲学手册，里面是稻盛先生的演讲等内容的集锦。稻盛先生结合自己的实践经验，阐述了"在从事工作、度过人生时，思维方式为什么重要"，"应该用怎样的心态推进工作"等内容。

我当然很关心自己公司的社长以怎样的思维方式来经营企业。我一读就发现，其中的具体事例很丰富，通俗易懂。所以，根本不需要强制，自己在家里就会学习。在空巴（日式酒话会——译者注）

等场合，很多时候话题也是京瓷哲学的内容。

当面听稻盛先生的讲话，受到冲击，是我进公司五六年后的事。这一年京瓷的业绩不太好，年末举办了国内外全体销售人员都参加的忘年会。当时，上台讲话的负责销售的董事心情不好，一开口就说今年业绩不好是在场的销售人员的责任，态度严厉，批评个不停。

这时候，晚到了一会儿的稻盛先生出现在会场。看到这位董事一味指责员工，稻盛先生对他说，"你不要再说了"。接着，稻盛先生面朝我们开始讲话。

"今年确实业绩很差，但这全是我这个社长的责任。你们都很拼命，只是我的经营水平太低，才导致了这么差的业绩，非常抱歉。但希望今天的忘年会开得高高兴兴，明年我们要更加努力，做出好成绩！"

听了这番话，我很意外。我们这些销售人员，不管上司怎么发火，心里都在想"大环境不好，我们有什么办法呀"。但是作为社长的稻盛先生，居然把所有的责任都揽在自己身上，低头认错。"这很了不起！"我非常感动，"虽然我们拼命努力，但销售负责人还是怀疑我们没有尽力，而稻盛先生却相信我们，这个人果然与众不同"。我当时这个感受非常强烈。听了稻盛先生这番话，大家都觉得自己非努力不可，士气自然高涨，结果第二年的业绩得到了巨大提升。

◉ 海外留学

进入公司第八年，京瓷发布了海外留学制度，其中也包含了经营研究院即所谓的商学院的留学。基于学生时代的留学经历，我知道商学院和 MBA，再加上去美国出差谈生意时，关于 MBA 的话题也很多。一直以来，我都希望能进一步学习经营知识，开阔视野。

正当我犹豫是否要提出申请时，当时的人事部长和财务部长都建议我"应该申请一下"。公司的工作很有意思，跟大家相处得非常愉快，我思来想去，顾虑重重，但坚信去海外留学"短期来说或许会给公司和同事增加麻烦，但学成回来后一定可以回报大家"，于是提出了申请。

　　非常幸运，经过了稻盛先生等人的面试，我通过了公司内部的选拔，正式成为当年公司唯一的留学生候选人。但接下来还需要通过商学院的入学考试，虽然准备的过程十分辛苦，但还是拿到了芝加哥大学等几所学校的录取通知。最后，我选择了位于全世界中心——美国华盛顿核心区的乔治·华盛顿大学商学院，学校紧邻世界银行和 IMF 等重要机构。

　　虽然我的暂时离去给同事们添了很多麻烦，但大家还是热情地为我送行。此外，为了能专心学习，我带上了妻子和年幼的孩子一起赴美。

　　在这家商学院里，有来自全世界各地的 2000 多名学生，也有很多像我一样由企业派来的日本留学生。据说学校的授课非常严格，有很多人掉队。我也担心自己跟不上，这种不安加上带薪留学的使命感，促使我认真学习。因为是学习自己喜欢的东西，不知不觉间，兴趣越发浓厚。

　　这样，成绩也越来越好了。毕业典礼前一周，学校通知我，因为获得了第一名，所以要予以表彰。自己心里多少有过这样的期许，所以当时我感到格外兴奋。毕业典礼上，校长在颁奖时对我说了一句，"明年我们在京都一起再庆祝一番"，我半信半疑。但到了第二年，他真的到京都来了，而且在一流的料亭（日本传统的高级餐厅——译者注）请我吃饭，让我非常感动。他让我学到了，不分国籍，领导人重信守义是多么重要。

◉ 担任第三次临时行革审秘书

稻盛先生可能多少知道了一点儿我的事情。1990年6月，我回到总公司没多久，就接到通知："稻盛会长说要见你。"由于是第一次单独见面，我非常紧张。稻盛先生对我说，"希望你运用留学所学到的本领，来支持社长的工作"。那时，稻盛先生已经是会长了，社长是伊藤谦介先生。

大概过了半年，稻盛先生出任了第三次临时行政改革推进审议会（以下简称"行革审"）的"世界中的日本"部会的部会长。"行革审"是决定国铁和电电公社等民营化的非常强有力的审议会，当时由日经联（日本经营者团体联盟）的铃木永二担任会长。

据说，在设立"世界中的日本"部会时，铃木会长曾犹豫，不知道应该由谁来担任部会长。很偶然，他有个亲戚的孩子在京瓷工作，把京瓷哲学手册拿给他看，说"这是非常好的哲学"。铃木会长读过以后很受感动，说"要让拥有这种经营哲学的人当部会长"，于是决定让稻盛先生出任。

就任部会长，对于尚未参与过财界活动的稻盛先生来说，是第一份公职。但当时，稻盛先生创办的第二电电（现 KDDI）刚刚开始开展移动电话业务，同时还有京瓷，以及刚刚开始的京都奖和盛和塾等工作，那段时间正是他最为忙碌的时期。但承蒙铃木会长特地指名，能有机会为日本做点贡献是件好事，于是稻盛先生接受了这个重任。

这份工作需要一个秘书，稻盛先生突然召见我，要求我在做好本职工作的同时，兼任特命秘书。当时我刚刚从报纸上得知稻盛先生被指名担任部会长，但根本没想到自己会成为部会长的特命秘书。

稻盛先生在为期三年的行革审工作中，留下了延长护照和驾驶证的有效期、行政文书的 A 版化等多项成果。任务完成以后，我以为我会回到原来的工作岗位，但稻盛先生对我说，"以后你当我的秘书吧"。就这样，我正式被调职到了秘书室。

◉ 稻盛先生教我怎样当秘书

自从被任命为行革审的特命秘书以后，我跟稻盛先生一起行动的机会大大增加了，在各种会议和恳亲会中，也经常能与他同席。

那时稻盛先生经常对我说，"你必须和我一心同体。你以后代表我会见外部人士的机会将会增加，别人会认为你说的话就是我的意见，所以你我在思维方式等方方面面都必须保持一致"。为此，他告诫我说，"首先要保持谦虚"。"只要你流露出一点儿傲慢，别人就会认为你的上司也是傲慢的。所以，谦虚十分重要。"

然后，稻盛先生教导我说："谦虚辟邪。"意思是：只要谦虚，就不会失败；只要谦虚，恶人就无法靠近。

可能因为担心我不谦虚，稻盛先生在我身上颇费心思。他经常告诉我，"自己现在正在读这本书""在那个会议上我做了这样的发言""今天会见了这个人"等事情。另外，他还会问我这样的问题："报纸上的那个新闻你看了吗？你是怎么想的？"我认为，他这么做，是希望我加深对他以及他的思想的理解。

此外，他还经常询问我的意见。比如说，在行革审的非正式会议上，他经常会像询问审议会的正式成员一样，问坐在旁边的我："你是怎么想的？"努力激发我的主动性和积极性。

可是，最初的那段时间我实在是太紧张了，甚至很快患上了胃溃疡。尽管我不得要领、不开窍，稻盛先生还是尽心尽力培养我。这一点我感受深切。

看着我的言行，他常会批评我："谦虚还不够。"从着装、说话方式以至行为举止，他都提醒我，细致入微。甚至关于经营哲学的重要性，判断事物的要点，领导人应有的姿态，如何看人，如何领导组织，如何召开会议等各个方面，稻盛先生都给了我具体的指导。此外，与重要人物会谈时，要我同席的机会也增多了，从中我也学到了很多。

另外，稻盛先生还很关心我的家庭和我的个人事情。另外，我做了我以为该做的分内事，可稻盛先生却总会对我说一声，"谢谢"。我觉得，我之所以能留在秘书岗位上发挥作用，是因为稻盛先生给了我温暖的关怀。我从内心感谢他。

◉ 相信员工

接下来，我想介绍一个我刚当上特命秘书时的小插曲。

当时稻盛先生在批复公司内部的申请书。我记得那是一个业绩不太好的部门提出的申请，稻盛先生马上就批准了。在一旁的我提出了疑问："如果员工说什么就信什么的话，组织是不是会变得一团糟?"稻盛先生是这样回答的："骗我可能很简单。即使受骗，我也只能相信员工。"

这句话让我印象非常深刻。"培养相互信任的伙伴"，这句话说起来简单，要真正实现却不容易。出身不同，学历不同，思维方式、兴趣爱好都不同，毫无关系的陌生人，只是偶然进入了同一个公司。

实际上，创业当初的京瓷，只是一家小微企业，是借了人家的一间仓库成立的公司。这样的初创企业，是不会有优秀人才进入的。

虽然如此，但平时拼命工作的员工积极提案，上司却怀疑他，"你不可能做成"，那么事业就无法拓展。所以，哪怕是受了骗，也应该肯定员工的积极性，相信他们的善意，把工作交给他们。我想，稻盛先生前面说的话就是源自这样的心态。

京瓷哲学开篇就有"以心为本的经营"这一条目，我以前是当成知识记住的。直到那一刻，我才领悟到，所谓以心为本，原来是这么回事儿。这个情景我至今记忆犹新。这就是"全员参与经营"这一经营要诀的基础。

◉ 发自善意的日美 21 世纪委员会

接下来，我想介绍一下由稻盛先生主导设立的"日美 21 世纪委员会"。

第三次行革审结束时，日本经济发展态势仍然很强劲，对美贸易保持巨额顺差，从而造成日美关系摩擦不断。稻盛先生希望能用民间的力量改善日美关系，抱着这一纯粹的动机，他和美国代表性的战略机构 CSIS（美国战略与国际问题研究中心）一起设立了"日美 21 世纪委员会"。这个委员会的美方名誉委员长由美国前总统乔治·布什（老布什）担任，委员长由曾经担任过劳工部部长和 USTR（美国贸易代表办公室——译者注）代表的威廉·布洛克担任。日方的名誉委员长由前首相宫泽喜一担任，委员长由后来成为经济企划厅长官的堺屋太一担任。日美双方都由赫赫有名的人士担任委员。

我负责的是事务局，在长达近两年的准备期后，从 1996 年 6 月开始的两年间，在日美两国召开了四次委员会议。稻盛先生在筹备会议等各种场合都一直主张："不要忘记体谅对方，该让步的就要让步，日美两国都需要采取这种宽容态度。"稻盛先生作为经营者提出了这样的意见，让美方人士感到很惊讶。因为如果双方针锋相对，就算沟通讨论也解决不了任何问题。"互相尊重的姿态非常必要"，对稻盛先生的这种见识，大家都表达了敬意。

最终，这个委员会在 1998 年向日美两国政府首脑提交了《日美 21 世纪宣言》。其宗旨是：自由社会的成员，必须以社会正义和博爱作为行动指针。这个委员会就此完成了自己的使命。几年之后，我又得到了美方委员长布洛克先生的帮助。当时，京瓷在美国被卷入了与专利相关的巨额诉讼。此事原先由京瓷的法务部门负责，但一直无法顺利解决，最后稻盛先生指定由我负责。

我和京瓷的法务负责人飞往华盛顿，面见布洛克先生，说明了事情的原委。布洛克先生曾是总统候选人，就在即将当选时，因太太遭遇交通事故去世，决定退出总统选举。事件一出，他当时受到了更多人的敬佩。

布洛克先生说："我在日美 21 世纪委员会与稻盛先生相识，从内心尊敬他。他遇到困难的话，我理当全力帮忙。"稻盛先生以平民之身，出于让日美关系好转的纯粹之心，倡导相互关爱体谅的哲学，得到了布洛克先生的共鸣，赢得了他的尊敬。所以布洛克先生亲自出面为京瓷交涉，把京瓷从困境中解救了出来。

日本还有一位有影响力的人物，他对"日美 21

世纪委员会"非常关注，这个人就是第二次世界大战后为改善中日关系而付出一生心血的木村一三先生。他突然来拜访稻盛先生并提出了邀请："稻盛先生致力于改善日美关系的想法非常了不起。跟日美关系同样重要的是中日关系，接下来想请您设立中日 21 世纪委员会。"稻盛先生对此表达了赞同并着手准备，遗憾的是未能实现。

但是，在此期间，木村先生不断将中国政府高层的重要人物介绍给稻盛先生，稻盛先生因此在短时间内扩展了在中国的人脉。这对京瓷的事业也有很大的帮助。

"好心有好报"，发自善意的行为缔结了不可思议的缘分，取得了良好的结果。我在负责事务局工作的过程中，切身感受到了这个事实。这个"日美 21 世纪委员会"不过是稻盛先生众多源自善意的活动之一，但因为其中蕴含着稻盛先生的哲学，所以我做了上述介绍。

第二章

稻盛经营哲学·
成功方程式是什么

日航奇迹般的重建，是日航全体员工努力的结果。而使之成为可能的，是稻盛先生这位稀世的经营大师的参与。稻盛先生的经营哲学、人生哲学渗透至全体员工，改变了他们的思维方式、心灵和行动。我想以自己的理解，简单地说明一下稻盛先生的经营哲学。

◉ 用成功方程式实现更美好的人生

稻盛先生经营哲学的经典之一，就是用"成功方程式"这一极其单纯的算式来表述我们的人生。怎样才能把工作做到卓越？如何才能让自己的命运好转？用这个方程式就能说明。

每个人都想知道自己人生和工作的结果将会怎样，也都想知道，怎么做才能度过幸福美好的人生。但是，很多人认为，这个问题过于复杂，不可能搞明白，因而放弃思考。糊涂度日，这不就是芸芸众生的常态吗？

但是，运用稻盛先生的"成功方程式"，就能把自己无法搞明白的人生和工作的结果，搞个明明白白。

先以稻盛先生的阐释为基础，来说明一下这个"成功方程式"。

所谓成功方程式，就是"人生·工作的结果＝思维方式×热情×能力"。

这个方程式的三个要素中，"能力"多指先天的部分，就是从父母那里，或从上天那里获得的智力、运动能力或健康程度等。在漫长的人生中，这些都是宝贵的资产。如果用分数来表示的话，可以从0分到100分来打分。

这个"能力"要乘上"热情"。这个"热情"，也可以称为"努力"。从毫无干劲儿、毫无霸气、缺乏上进心的人，转变成对工作和人生都抱有燃烧般的热情、拼命努力的人，这个要素也可以从0分到100分来打分。比如说，假设有一个人，身体健康，非常优秀，"能力"可以打90分。但这个能力出众的人，如果过于相信自己的才能而放弃了脚踏实地的努力，"热情"就只能打30分。这样的话，"能力"90分，乘上"热情"30分，结果是2700分。

同时，假设还有这样一个人，他认为"自己的

'能力'顶多也就是比平均水平高一点点，可以打60分左右。但正因为没有出众的能力，所以要拼命努力"，于是他燃起热情，持续拼命努力。假设这样的"热情"能打90分，"能力"60分乘上"热情"90分，结果是5400分。与之前的那个有才能的人相比，这个能力并不出众的人能获得翻倍的成果。也就是说，能用持续的努力来弥补能力的不足，也可能获得很大的成功。

接下来，这个乘积还要再乘上"思维方式"。

与"能力"和"热情"不同，思维方式的幅度更大，从-100分到+100分打分。所以，如果想让"人生·工作的结果"更加美好，就必须让"思维方式"呈现正值。

成功方程式之所以是一个乘式，其理由就是，一个"能力"很强的人，不管他拥有怎样燃烧般的"热情"，不管他如何付出不亚于任何人的努力，只要其"思维方式"是一个负值，其结果就会变成负数。就是说，"能力"越强，"热情"越高，"思维方式"就会越大地左右"人生·工作的结果"。成功方程式表明了人生的艰辛，稻盛先生告诫我们，"人生就是这么一回事儿"。

证明"思维方式"的重要性的具体案例不胜枚举。拥有杰出的"能力"，同时也付出了"热情"的高级官员，就因为"思维方式"出了问题，结果不仅给国家带来了损失，而且毁掉了自己"人生·工作的结果"，这样的事件历历在目。想让业绩好看一点，因而弄虚作假，"思维方式"出了问题，尽管不缺"能力"和"热情"，最终却搞垮了公司，这样的经营者也不在少数。拥有商业才华和燃烧般的热情，成功创办事业的人，在不知不觉间变得傲慢，最终失败的案例也很多。

这绝不是与己无关的事，成功方程式适用于我们每个人的工作和人生。很多人都有体会，用以自我为中心这种错误的"思维方式"对待工作，不管多么努力，结果都不理想。此外，嫉妒别人，满腹牢骚，不可能让人生美好。这些不是我们都懂得的道理吗？

对照成功方程式的几个要素，就会知道事情的前因后果。我认为，只要把自己的人生与成功方程式相对照，就会产生"果然如此"的感叹，赞同这个成功方程式。

◉ 把正确的"思维方式"升华为哲学

稻盛先生通过成功方程式告诉我们"思维方式"多么重要。那么，什么样的"思维方式"可以得到+100分呢？对此，稻盛先生用"作为人应有的正确的思维方式"来表达。

此话怎讲？其实这并不是什么难事。稻盛先生说，这就是孩提时代，父母和学校老师教给我们的，"什么是人应该做的事""什么是人不应该做的事"。比如说"不要撒谎""要正直""要有益于人""要拼命努力""不要欺负弱小""不要贪心"等，就是这些初级的道德律。

而且，所谓正确，并不是"对自己来说"正确，或"对对方来说"正确，而是"从任何人的角度看来"都是正确的才行。稻盛先生说，这就是用公平、公正、正义、勇气、诚实、忍耐、努力、亲切、关爱、谦虚、博爱等词语所表达的东西。这一切理所当然，任何人都不会说不对。

但遗憾的是，人心比我们想象得要脆弱，尽管知道什么是正确的"思维方式"，坚持下去却是难事。稍不注意，立刻就会陷入以自我为中心的境地；回过神来，就会觉察到心中充满了妄想和邪念；做了约定，知道自己不能兑现，就去寻找借口；即使是朋友，一旦对方受到赞扬，就忍不住嫉妒；只要能选择，就会不假思索地挑自己能够轻松获利的选项；一旦事情不如己意，就会口出怨言；为了不在人前示弱，就会暴跳如雷。人往往就是这样，转眼间就陷入负面的"思维方式"中。

为什么会这样呢？因为人是有本能的，本能是生存所必需的。为了维持生命，繁衍种族，就必须有食欲等欲望；为了保护自己不被他人侵犯，就必须表达愤怒。这些都是生存所必需的东西，是与生俱来的。

所以，要坚持正确的"思维方式"是非常困难的。特别是像我们这样的凡人，"思维方式"在不经意间就会由正转负。哪怕是受周围的影响，只要"思维方式"向负值稍稍倾斜，那么，不管"能力"多强，"热情"多高，人生一下子就会朝坏的方向急转直下，甚至让迄今为止的努力化为泡影。人生就是如此的艰辛。

　　为了避免出现这样的局面，稻盛先生告诉我们，不管身处何种环境，也就是说，不管是成功还是失败，都必须把正确的"思维方式"上升到无法撼动的哲学的高度。如果把这样的哲学作为指针，对日常的事情进行判断，就能度过幸福美好的人生。

　　稻盛先生也坦率承认，自己也不是什么圣人君子，是有血有肉的凡人，无法时时刻刻100%地做出正确的判断。但稻盛先生的与众不同之处在于，明知如此，他还是强调，必须把应有的理想状态作为目标。直到现在，他还在阅读哲学和宗教书籍，不断加深思考，不懈努力，目的就是让自己的哲学信仰更为坚定。而且，他还时时用哲学对照自己的言行举止，检查有没有做错的地方，反复自问自答，每天进行反省。

　　我在稻盛先生身边工作，看到过稻盛先生烦恼的样子。但印象更为深刻的是，稻盛先生的包里总是放着几本哲学类图书，一有空就会拿出来阅读。他这种认真学习的姿态，更是深深地印在了我的脑海里。

　　在现实社会中，即使知道正确的"思维方式"，但将它上升到哲学的高度，并把它作为判断基准的人少之又少。有这种感觉的应该不止我一个人。特别是在组织中，有的人认为反正上司总是对的，自己不做任何思考；有的人认为只要能遵循以前的惯例就行；有些人认为只要能提升利润，什么事情都可以干。这样的人不在少数。而事实是，这些人的工作成果绝不会好到哪里去。

我们往往自以为是，认为随着年龄和经验的增长，自己的"思维方式"自然就会不断趋于正确。还有，男性会认为自己往往拥有正确的"思维方式"。这些全都是错觉。包括我自己在内，即便年龄增长了，心灵还是同样脆弱。当我们阅读历史书时就会发现，有很多曾经了不起的人物，随着年龄的增长反而变得以自我为中心，无法控制忌妒、憎恨、虚荣等负面情绪。

同时，虽然年轻，但心怀理想，充满正义感，而且生活很有节度的人不在少数。这些人跟很多女士谈话时，往往也能学习她们纯粹的"思维方式"，认识到自己的"思维方式"只有依靠自己的意志才能转变，其中努力才是重要的，它同年龄和性别无关。客观来说，应该给上述这样的人好评。

◉ "热情"将"思维方式"引向实践

如上所述，"思维方式"非常重要。但不管我们拥有了做人的多么正确的思维方式，如果不付诸实践的话，就毫无价值，而付诸实践所必需的就是"热情"。

这个"热情"，也可以用念头、愿望、热忱、意志来表示，是一切行为的原动力。稻盛先生说，想要成就事业，就必须有这样的愿望。在其著作《活法》[①] 一书中，稻盛先生以"只有主动追求的东西才可能到手"这条法则为题，阐述了强烈的愿望和热情的重要性。

但是，如果只是一时兴起的"热情"，那就没有意义了。这个世界上，有的人虽然最初抱有强烈的愿望和热情，拼命努力地干了，但只要遇到一点困难，马上就会气馁。相反，也有一些人，因为获得了一点点的成功，就忘乎所以，或是达到了目的就失去了"热情"。起初 80 分的热情，没一会儿就降到 10 分，"人生·工作的结果"和当初的期待，产生

---

① 已被东方出版社引进出版。

巨大差别。

我认为，真正所谓的"热情"，换句话说，就是志向、意志。它不管环境如何变化，都绝不改变。稻盛先生用"渗透至潜意识的强烈而持久的愿望"这句话来表达。稻盛先生告诉我们，为此必须睡也想，醒也想，一天 24 小时思考。

我曾经从京瓷的一位前辈那里听到这样一件事。

那是稻盛先生年轻时候的事情。那位前辈偶然和稻盛先生一起走在京都的马路上，百货大楼的外墙上，挂着很大的男士服装新春打折的宣传条幅。稻盛先生瞥了一眼，接着就喃喃自语道："我真是蠢，居然看那打折的条幅，没有集中精力在工作上，难为情啊。"听到这句话的前辈吃了一惊，稻盛先生真的是将自己的全部精力都倾注在了工作上。

稻盛先生为了实现全体员工物质和精神两方面的幸福，抱着要让京瓷所有的事业都成功的、渗透至潜意识的强烈而持久的愿望。也就是说，这就是他的志向。所以，他时时刻刻都在思考这个事情。不管面对什么困难，也决不气馁，而是身先士卒，持续努力，直至成功。即使取得了成功，也绝不傲慢，一刻都不放松，持续怀抱热情。

◉ "能力"不断提高

成功方程式中最后的要素是"能力"。虽然稻盛先生说，"能力"多是指先天的、与生俱来的东西，但他也用"能力要用将来进行时""追求人的无限可能性"等来说明能力。我认为，"追求人的无限可能性"这句话所体现的思维方式，表达了稻盛先生的"人间观"（怎么看待人——译者注）和"人间爱"（对人的爱——译者注）。我想对《京瓷哲学》①一书中的这部分内容加以介绍。

在工作中能够实现新目标的人，是那些相信自己可能性的人。仅以现在的能力判断"行或不行"，就不可能挑战新事物，不可能完成困难的工作。人的能力，通过持续努力可以无限扩展。想做某件事情的时候，首先要相信"人的能力是无限的"，抱着"无论如何必须成功"的强烈愿望，持续不断地付出

① 已被东方出版社引进出版。

努力。从零开始的京瓷，成为世界一流的制造厂商，就有力地证明了这一点。要始终相信自己拥有的无限的可能性，鼓足勇气，发起挑战，这种精神非常可贵。

稻盛先生成功开发了很多新技术，对此，我曾经说，"因为您是技术天才，才会有这样的成果"。听我这么一说，稻盛先生火冒三丈，他说："我根本不是什么天才，我只是相信自己的可能性，拼死努力，才获得了成功。不管是谁，只要付出与我相同的努力，也能够成功。我反复给你讲过多次，你怎么还不明白呢？"

对于自己的不成熟，我进行了深刻的反省。但与此同时，我强烈地感受到了稻盛先生的谦逊，他说"自己并非特别人物"，"每个人都有相似的才能，只要努力，谁都可以成功"。这表达了他对世人的爱。重要的是我们要相信，包括自己在内，任何人都拥有无限的可能性，这样的信念一定会对自己和组织的成长发挥积极作用。

◉ 看得到的"能力"和看不到的"思维方式""热情"

"能力"这个要素和"思维方式"及"热情"有不同的特征。就是说健康状况的好坏、智力水平的高低，是从外部可以看到的，而且这些东西不会轻易退化。所以为了在获得某些"能力"后过上安稳日子，人们会努力获得高学历，取得各种资格认证，同时也用这些东西来评价别人。

与此相对，"思维方式"和"热情"是非常内在的东西，藏在"心"里，外面看不到。而人的"心"又极其脆弱，稍不留神"思维方式"就会转向负面，这是一个可怕的现实。而"热情"会因时因地发生变化，甚至完全消失。

就像成功方程式所呈现的那样，人生是非常艰辛的。不管掌握了多少看得到的"能力"，如果因此而骄傲，或者只将能力用来为自己服务，人生的结果就会转向负面。此外，如果因为天赋的"能力"出众而懈怠的话，很快就会输给那些具备热情、不断努力提升自己能力的人。所以，在我们的人生中，从外部看不到的"思维方式"和"热情"比什么都重要。

运用稻盛先生的"人生·工作的结果＝思维方式×热情×能力"这个成功方程式，就能清晰地说明貌似复杂多变、起伏不定的人生。当我们回顾自己的人生，或思考自己的未来时，可以从中得到很多启示。这是因为这个方程式表达了人生的真理。

◉ 稻盛先生的人生和成功方程式

稻盛先生说，他在年轻时就不断思考，像自己这样没有多大能力的人，怎样才能度过不平凡的人生，后来就想出了这个方程式。稻盛先生自己的人生也完全可以用这个方程式来说明。

稻盛先生当年以优异的成绩毕业于鹿儿岛大学工学部应用化学科的有机化学专业，但是，找工作时没能进入自己向往的石油化学公司，只能以研究员的身份就职于京都一家名为松风工业的生产绝缘瓷瓶的公司。他满怀希望地进入了公司，却发现那是一家亏损企业，刚刚入职，工资就推迟发放。当然，研究设备也十分简陋。

当时，稻盛先生也是牢骚不断，一心想要跳槽，"思维方式"是负面的，"热情"几乎为零。但是他的哥哥告诫他不能轻易跳槽。稻盛先生认真反省，转变了自己的"思维方式"，全身心投入研究。就是说，他的"思维方式"和"热情"都变成了正值，且数值很大。这样的话，"能力"也很快得到了提高。虽然恶劣的研究环境并没有改变，但卓越的研究成果却不断问世。这与成功方程式完全吻合。

京瓷的成长发展也能用成功方程式来说明。1959年稻盛先生与松风工业时代的七名同事一起创办了京瓷，公司最初的目的是"让稻盛先生的技术问世"，多少有些独善其身的意思。这个时候的"思维方式"可能只有60分。

创业第三年，入职不到一年的11名高中毕业生发起"反叛"，要求"保障将来的生活"。稻盛先生承诺，"京瓷是一家刚刚起步的小微企业，根本无法做出这样的保证。但我一定会朝着这个方向拼命努力"，"反叛"因此得以平息。这个时候，稻盛先生意识到，"虽然是萍水相逢的陌生人，但是员工们已经将自己的人生托付给了企业。因此企业经营的目的中不能有一丝一毫经营者的私利私欲，必须追求全体员工的幸福"。所以，稻盛先生由此将京瓷的经营理念确定为，"在追求全体员工物质和精神两方面幸福的同时，为人类社会的进步发展做出贡献"。也就是说，企业的"思维方式"转变了。

创业时全体员工拥有燃烧般的热情，就是说"热情"接近100分，再乘上同样接近100分的"思维方式"，京瓷因此得以迅猛成长。这期间，又导入了全员参与经营的阿米巴经营模式，全体员工的能力得到了充分的发挥。其结果是，京瓷的技术能力、生产能力、资金实力等企业的"能力"也得到提升，进一步助推了京瓷的飞跃发展。

同样，由稻盛先生创办的第二电电也是一样。1982年，乘着日本通信自由化的东风，稻盛先生希望为国民降低比国际水平高出很多的长途电话费，于是开始考虑进入电信领域。他曾经在长达半年的时间里，反复自问自答，追问自己是否"动机至善，私心了无"。直到确认了自己的动机确实是善的，是毫无私心的，也就是说"思维方式"是正确的之后，他才于 1984 年正式进入电信领域。

稻盛先生对员工们热情地诉说，"这是百年一遇的良机，让我们利用这个机会，务必将事业推向成功"。同时，第二电电也导入了阿米巴经营模式。

第二电电并没有什么了不起的通信技术，有的只是正确的"思维方式"和高涨的"热情"，以及能够发挥全体员工全部"能力"的阿米巴经营模式。第二电电由此持续成长，现今已成为拥有"au"品牌的 KDDI，成了日本具有代表性的企业之一。

● 成功方程式可以改变组织

成功方程式不仅可以表达"人生·工作的结果"，而且同样适用于组织和企业，因为它们都是由人组成的集团。通过京瓷和 KDDI 的案例，我们已经明白了这一点。但我还是想进一步说明我的观点。

在企业中，经营者对员工拥有深远的影响，对经营发挥着极其重要的作用。所以，经营者要持有作为人应有的正确"思维方式"，拥有燃烧般的"热情"，此外，还要具备作为企业家所必需的"能力"。

但是，仅有这些是不够的。因为所谓企业，不过就是员工意识的集合体，经营者必须能够提高员工的意识水平，也就是"思维方式"的水平。为此，经营者必须将自己的"思维方式"上升到无论何时何地都毫不动摇的哲学的高度；必须将自己的经营哲学用自己的语言向员工阐述，在公司中不断渗透。当所有的员工都对领导人的"思维方式"产生共鸣，并且主动努力学习的时候，组织的"思维方式"就转变了。

而且，经营者必须能够提升员工的"热情"。为此，必须明确传达全体员工都认同的事业的梦想、意义和目的。结合相关背景，用自己的语言表达，从而得到员工的认可是非常重要的。经营者胸怀渗透至潜意识的强烈愿望，持续地拼命努力，让员工觉得自己的领导"好辛苦哇"，迸发出"我们也要努力工作"的热情。经营者如果比员工轻松，比员工还冷漠，员工的"热情"就不可能提升。

此外，经营者要制定确保成功的战略，并付诸实施，让员工明白。这一点也很重要。业绩优良，让员工信服，就能提升员工的"热情"。

即使经营者胸怀燃烧般的"热情"，但也无法强制要求员工"你们也要有和我一样的热情"。"热情"只能从员工内心产生，绝不是上级指示了就能被提升的。不明白这一点，而去斥责员工，要求他们达成高目标，反而会让他们失去干劲儿。稻盛先生经常说，"如果对员工的心理不能了如指掌，就无法成为优秀的经营者"。特别是，如果要提升员工的热情，就必须具备理解员工深层心理的洞察力，站在员工的立场考虑问题。

在此基础上，对于辛苦工作的员工，不能忘记体谅和关爱。因为只有这样才能点燃员工的内心之火，提高组织的基础体温，最后提升大家的"热情"。特别是在经营环境严峻、怎么干也出不了成果的时候，经营者口中一句温馨的话语，就能给员工巨大的能量。

当然，经营者也必须努力提高企业的"能力"。

一般来说，企业的"能力"可以用财务能力和技术能力等项目来表示，如果是制造业的话，还有生产能力等。现在那些有着高超"能力"并获得成功的企业，大多数，在创业时也只具备有限的资金和技术，员工的数量也是很少的。但这些企业却成功地提升了"能力"。这是因为，创业者在胸怀燃烧般热情的同时，信任员工，成功地将他们的能力激发了出来。

当然，这些能力中也包含了活用他人知识、智慧的能力。相信人的无限可能，构筑全体员工都能自由发挥能力的经营体系，这样的企业最后就能获得成功。其中具有代表性的经营体系，就是稻盛先生创立的阿米巴经营模式。经营者通过导入这样的经营体系，不断提高企业的"能力"。

综上所述，我认为企业的成功方程式可以作如下表达：员工的思维方式×员工的热情×（员工的能力+充分发挥员工能力的经营体系）。

这三个要素中，"思维方式"和"热情"是形成公司风气的要素，但从外部很难看到，也很难评价。但是，企业的"能力"，也就是说财务能力、技术能力、生产能力却很容易看到，也很容易评价。因此，投资人等外部人士有一种习惯做法，就是用这些看得见的部分来评价企业的优劣。

很多经营者一旦成功，就会优先去提高眼睛看得见的"能力"，投入最新的设备，录用"能力"强、学历高的员工。而轻视真正带来成功的、眼睛无法看到的员工们的"思维方式"和"热情"。结果，眼睛看得见的企业的"能力"提升了，但公司内部变得四分五裂，员工失去干劲儿，最后企业经营陷入困境，这样的事例不在少数。

拥有充足的资金和强大的技术实力，也有优秀的员工，如果这样的企业也陷入困境的话，那问题是不是出在领导人的资质或公司风气上呢？成功方程式就是教会我们找到这些问题的原因。就是说，在企业经营中真正重要的是眼睛看不见的公司风气和文化，包括经营者在内的全体员工的"思维方式"和"热情"。制定出色的经营战略当然很重要，但执行战略的是人，归根到底，是人心，也就是这些人的"思维方式"和"热情"。

第二次世界大战后，很多日本企业从废墟中崛起，迅速成长发展，其原因也在于经营者的"思维方式"和"热情"：要努力重建化为废墟的日本，要摆脱贫困，实现富裕。还有员工们对这种"思维方式"和"热情"的共鸣，而不是因为有了强大的技术实力或充足的资金。

到此为止，我以自己的理解为基础，对稻盛先生经营哲学、人生哲学的核心——成功方程式——做了说明。这是因为它对日航的重建有着至关重要的意义。从下一章开始，要进入日航重建这一正题，我将结合我从事的意识改革工作，穿插一些稻盛先生有意思的故事，来进行说明。

第 三 章

日航为什么破产

● 日航的历史与稻盛先生走马上任

首先我先简单回顾一下日航的历史。

第二次世界大战后，根据 GHQ 的规定，不论国营还是民营，日本国籍的航空器一律停止运行。这一航运禁令在 1950 年 6 月被解除，1951 年 1 月，"日本航空创立准备事务所"成立。1951 年，由政府主导的半官半民体制的"日本航空株式会社"正式成立。

1954 年，日航第一个开启了第二次世界大战后运行国际航线的业务。此后，伴随着日本经济的高速发展，日航的规模迅速扩大。另一边，全日空（日本的另一家航空公司——译者注）于 1952 年作为一家纯民营企业正式成立。1972 年确定了两家企业的主要业务方向，日航以国际航线和国内干线为主，全日空以国内干线和支线为主，这样的体制一直持续到 20 世纪 80 年代。随着放宽运行国际航线的相关政策和全日空的参与，竞争逐渐激烈，机票价格也随之下降，又赶上日元升值，日本的出国人数飞跃性地增加。

在这样的环境中，日航国际航线的旅客和货物运输量持续增长，从 1983 年开始的 5 年中，日航超越了常年的竞争对手泛美航空等同行企业，成为世界第一。日航作为日本具有代表性的国际企业，在国内外都得到了很高的评价。

但同时，1985 年 8 月发生的御巢鹰山事故，成了全世界单机死亡人数最多的空难，引起舆论对日航安全制度的严厉批判。

就在 1985 年，当时的中曾根首相提出了国营企业和特殊法人的民营化政策，于是日航也在 1987 年 11 月转变为完全的民营企业。此后，日航开启了可形容为莽撞的多元化战略之路，接连不断成立子公司，进入酒店领域、教育领域、IT 领域、餐饮领域、出版领域等。但日航民营化之后的经营者还是来自政府的官员，而且从半官半民时代留下的官僚体制也未改变，所以无法缓解劳资对立的矛盾。日航还购入了大量的巨型客机，再加上由于政府的干预，很多亏损航线也继续运行，所以企业经营长期处于不稳定状态。

那时，为了在御巢鹰山事故后整顿日航的经营

状况，日本政府聘用了社会评价很高的嘉娜宝公司
会长伊藤淳二作为日航的经营者。伊藤先生是航空
业的外行，他积极解决当时的一大经营课题，即工
会问题，结果却造成了公司内部巨大的混乱，仅仅
两年就不得不离任。

进入 20 世纪 90 年代后，海湾战争导致出国人数
减少，燃油费高涨，泡沫经济的破裂等，外部环境
激烈变化。再加上工会运动导致的人工费上涨，种
种负面因素使日航的经营困难重重。所以，日航采
取了种种措施：变卖国内外酒店等冗余资产，导入
合同制乘务员制度来抑制人工费的上涨，削减亏损
航线和冗余人员等。但所有措施都虎头蛇尾，未能
彻底改变经营状况。2003 年 3 月发生的伊拉克战争
和 SARS 等又进一步让出国人数迅速下降，这些负面
因素，导致日航业绩迅速恶化。

为了摆脱困境，日航提出的口号是"没有禁区
的成本削减"，试图推动更为彻底的结构调整，但效
果并不理想，没能改变日航高成本运营的状况和官
僚体制。结果，日航就像我在序章中说明的那样，
受到雷曼金融危机及其引发的全球性经济衰退的影

响，经营状况更加恶化。终于在 2010 年 1 月 19 日，日航背负着战后实体企业最高的 2 兆 3221 亿日元的负债宣告破产，申请适用企业再生法以图重建，并公布了由稻盛先生出任会长的消息。

稻盛先生在 2009 年 12 月末，已经意识到自己将不得不出任日航的会长。当时他曾经说："如果就任日航会长的话，对我来说是一项最重大的工作，需要从京瓷挑选最值得信赖的人一同前往。"我当时也感觉到，这样下去的话，稻盛先生将不得不出任会长。而且，不用想都知道，这个任务一定极其艰巨。那么"京瓷也会派遣多位得力干将一同前往吧，会是谁呢，一起去的人估计会很犯愁吧"。我那时还是站在旁观者的角度思考。

但几天后，就轮到我大吃一惊了，因为当稻盛先生对我说："你能跟我一起去吗？你主要负责意识改革的工作。另外，你长期当我的秘书，所以对外联系也希望你来负责。"我吃惊之余没有马上回复，因为我对自己能否担得起这份责任心里没底。

但我很快就明白，这件事对我的人生也有巨大的意义。回到家里，我对太太说："稻盛先生希望我能同去。但重建工作可能会像媒体评论的那样以失败告终，这样的话，可能还会给家里添麻烦。"听到这话，太太说："一直以来，稻盛先生就很照顾你，你也很尊敬他。既然他希望你去，你就一起去吧，家里的事不用你担心。"于是，第二天我回复稻盛先生说，"请务必让我一同前往"。稻盛先生对我的家庭生活很担心，当时给了我很多建议。

1 月，稻盛先生就任会长一事正式决定，京瓷宣布，比我年长 10 岁左右、曾担任过副会长的阿米巴经营的专家森田先生也会一同前往日航。

● 冰冷氛围

接着，日航很快就以稻盛先生为中心，就经营体制问题展开讨论，并最终确定了新的经营体制。社长一职由大西贤先生担任。大西先生曾在维保部门工作过很长时间，做过执行董事，当时担任日航集团旗下企业日本航空通勤公司的社长。森田先生和我则担任日本航空清算管理人代理和会长助理。但我由于还要兼顾京瓷的工作，所以和稻盛先生一样，每周出勤三四天。

在去日航的前后，我们曾听过重建计划的说明。当然，所谓的重建计划，就是"如果实施顺利的话就能成功"的方案。在这个计划中，有降低工资两三成，削减约1.6万名员工，砍掉约40%的航线，出售大型客机等内容。同时，营业利润的目标是第一年641亿日元，第二年757亿日元。

在稻盛先生就任会长的时候，这个重建计划被公布了。但媒体众口一词，给予了露骨的批判："日航的重建计划根本不可信。"因为日航在破产前曾经多次公布重建计划，但一次都没能实现，所以大家认为这次也实现不了。而且，计划中第一年就要产生利润，这更是不可能。虽然适用了企业再生法，可能会有一些好处，但破产给品牌带来的消极影响会导致销售额的大幅缩水，亏损的营业状况必将持续。

从破产的几年前开始，媒体就持续对日航口诛笔伐，例如公司处于亏损经营的情况下，员工的工资却很高，服务很差，维修保养不良导致安全问题不断。最终日航破产了，正如媒体的预期，于是对日航的舆论攻击越发过激。不管是重建计划还是稻盛先生就任会长，媒体都持批判态度。几乎所有媒体都断言，日航必定会二次破产。

稻盛先生完全是航空业的外行，对日航的内部情况也不了解，所以对于重建计划是否妥当也并不清楚。但是，诸位清算管理人说，因为日航的年轻干部们也参与了此次重建计划的制定，所以只要计划能够得到切实执行，重建一定会成功。此外，由于已经适用了企业再生法，除了努力实施重建计划以外，也没有其他办法了。

稻盛先生 2010 年 2 月 1 日到任，在干部们面前首次致辞时，引用了中村天风的名言："实现新计划，关键在于不屈不挠的那颗心。因此，必须抱定信念，志气高昂，坚韧不拔，一股劲儿干到底。"借此向大家阐述，如果想实现新计划，就必须拥有不屈不挠的强烈愿望。如果全体员工都能拥有这种强烈的愿望，同时实施以自己的哲学为基础的意识改革和阿米巴经营，重建就能成功。

但是，听稻盛先生这么说，干部们却没有什么反应，一副垂头丧气的样子。过去他们理所当然地认为，日航最后还会得到国家的救助，不可能破产。结果日航出乎意料，突然破产了，公司内部与其说是充满了危机感，还不如说是弥漫着绝望感，失去活力的员工们不知所措。

由于破产，员工们在日航这家一流企业工作的自豪感荡然无存。他们认为包括自己在内，很多同事都可能离职。奖金没有了，工资会降低，曾经高端大气的海外航线也将大幅削减，飞机也会大量出售。与此同时，媒体几乎每天都报道日航必然二次破产的消息。在这种极端环境中，没有人立即相信稻盛先生的话，或许也是情理之中的。甚至有人故意大声说："我们这些内行都搞不好，一个什么都不懂的老人突然跑过来，说靠精神论就能重建，真让人难办。"

这些人认为，为了合理经营，迄今为止已经在工会对策和经费削减等方面绞尽了脑汁，只是由于燃油涨价等外部经济环境的变化，最终没能成功。但不仅日航是这样，全世界的航空公司也都一样，欧美同样也有好几家大型航空公司破产。所以，不好的原因并不仅仅在自己。在日航，很多干部都抱有这样的想法。

此外，先前介绍过的嘉娜宝公司伊藤淳二会长的事情也给他们留下了心理阴影。伊藤先生受政府邀请担任日航会长，将主要精力用于应对工会，做过许多武断的决策，结果导致公司内部混乱。很多干部都知道善后的艰难，所以对于同样由政府派来的、航空业的门外汉稻盛先生，他们也担心，他来也只会导致内部混乱。

出于这些原因，虽然我一上任就鼓励日航干部们，"大家一起为重建而努力吧"，但居然有人表情认真地对我说："虽然好不容易请来了稻盛先生，但重建不会成功。因为宣布破产，日航品牌就此名誉扫地，员工们失去了干劲儿，稻盛先生再怎么努力也没用。"

当然，也不是所有人都对稻盛先生持否定态度。我感觉到，也有很多员工感到非常高兴，认为"稻盛先生来了就有救了"。但是，在当时的情境下，这种话是肯定说不出口的。

◉ 反对"追求全体员工的幸福"

就任会长后，稻盛先生经常把"追求全体员工物质和精神两方面的幸福"这句话挂在嘴边，但就连这个也有人反对。

有一位干部对我说："麻烦你给稻盛先生转达，请立刻收回这句话。"他认为，稻盛先生和嘉娜宝公司的伊藤会长一样，试图迎合工会，所以他用了"不希望稻盛先生重复同样的失败"这种说法。"这个不可能"，当我拒绝之后，他就直接向稻盛先生提议："请立刻收回那样的话，如果工会听到了，他们就会理直气壮地把公司内部搞得一团糟。"

那是在日航第一次举办空巴的时候，我记得有十余名日航干部参加。当时，稻盛先生阐述了自己的想法，但对方顽固地拒绝接受。对此，稻盛先生严厉地告诫，"不相信员工，就没有资格当干部"。

看到当时的这个场景，很多人感受到稻盛先生的一个信念："一切从相信员工开始。"工会成员也是员工，当然要相信他们。为了实现员工物质和精神两方面的幸福，干部们就要付出不亚于任何人的努力。这样，员工也会为企业的发展共同努力，这才是企业经营，这就是稻盛先生的信念。

"经营者为了实现员工的幸福拼命努力，近于

'痴狂'。员工也与经营者心意相通，共同努力。我想营造一种大家彼此信任的氛围，全体员工都能感到'能在这家企业工作真好'。虽说人心易变，但人心一旦凝聚起来，却无比坚固，这就是以心为本的经营。只要能够构筑起这种拥有强韧心灵纽带的公司，实现全员参与的经营，就必定能获得成功。"稻盛先生经常这么说。

稻盛先生来到日航之后，不断重复类似的语言。"我希望把日航建成一家大家都能真正引以为荣的企业。希望全体员工都因自己的公司充满自豪感，都能意气风发，大家共同努力，让日航越来越好，这样，重建就一定能成功。"稻盛先生这一有关经营原点的思维方式从未改变。

◉ 公司内部充满强烈的不信任

话虽然这么说，但破产之后，日航内部的互不信任并不能轻易消除。干部们甚至满不在乎地说："日航之所以破产，是工会经常闹事，员工们不听指挥所导致的。""我们的经营本来就是正确的，如果按我们说的做，日航根本就不会破产。"

他们明显地带有精英意识，在普通员工面前显出优越感，不知道工作现场的辛苦，甚至看不起一线工作，而普通员工则认为，"总部干部们敷衍塞责，马虎经营才导致了公司的破产"。彼此之间不要说"一体感"了，连最起码的信任也没有。

即便是稻盛先生就任了会长，这一点也没有改变。例如，稻盛先生谈到，要尽可能地将经营数字公开，让全体员工都参与经营。对于这一点，干部们很抵制，认为"经营数字只要干部知道就行了"。理由是，如果相信员工，让他们看到经营数字，他们就可能将数字泄露给其他公司，会产生很大的问题。

于是稻盛先生就问："万一泄露给了其他公司，会有什么问题呢？"干部回答："竞争对手就会不断采取对抗措施。"稻盛先生说："即使如此，只要我们拼命努力，把公司经营搞得更好，就足够了。为此，需要员工的配合，所以就要与员工共享经营数字。这不是理所当然的吗？"虽然稻盛先生这么说了，但对方仍然不肯点头。总而言之，就是不愿相信员工。

大概他们只把员工们看成劳动力吧。说得极端一点，在他们眼里，自己是管理干部，员工是与自己立场对立的劳动者，是成本而已。所以想方设法削减劳动力成本，降低人工费，从而维持公司的生存，他们认为这才是自己的职责。出于这种理念，日航不断增加非正式雇佣的派遣员工，将很多事业部门变成子公司。把支付给派遣员工的工资视为劳务费用算在成本里面，忙的时候就雇佣他们，不忙的时候就与其中止合同。而且，将分开后的关联子公司也视为为总公司带来利润的工具。

日航整个集团要团结一致，致力于重建，为此，必须提高日航全体员工的一体感，包括支撑工作现场的派遣员工在内。而在干部们的头脑中，却没有这样的观念。那么，干部与干部之间是不是就团结一致了呢？也没有。比如，各个本部长之间，并没有可以轻松对话的氛围。我们刚刚到任时，甚至经常收到批判个别董事的匿名信。所以，干部之间也不信任，公司处于四分五裂的状态。

一般来说，当经营环境严峻时，为了克服危机，争取转机，以往关系不好的人也会相互协助，相互扶持。但是，日航却做不到。干部不相信同事、员工，员工不相信上司，这样的氛围并未改变。这就形成了恶性循环，导致业绩进一步恶化，最终破产。

◉ "日航不能盈利" 的理由

到日航上任后，还有一件让我非常震惊的事情。有一种观念相当普遍，"我们是公共交通机构，所以不盈利是理所当然的，甚至不以盈利为目标才是对的"。"稻盛先生和大田先生经常说要提高营业利润率，要盈利，但这根本就是错误的。" 当我听到好几位干部用很严肃的口气这么说时，我简直不敢相信自己的耳朵。

但仔细倾听，才知道他们也有他们的道理。就是说，当账上有黑字，产生利润时，国土交通省就会要求 "降低机票价格"，工会就会要求 "涨工资"，政治家就会要求 "开设新的航线"，他们都不理会盈亏。所以，要尽可能避免做出利润。这就是他们的理由。

因为是这样的思路，所以没有对利润的执着追求。即使公布了公司整体的利润目标，却没有各个部门的利润目标。所以，利润目标能否达成，不到最后时刻是不知道的。

这样的理由当然是无法成立的。所以，我当时对他们说："日航是民营企业，这次大家已经看到，没有谁会帮我们。如果我们自己不努力获得利润，就会二次破产，到了那时，就是全员流落街头了。而且，没有利润的话，也无法对安全进行投资，而安全是最重要的。"他们倒是很爽快地认同了这个意见，说："这话也确实在理。"恐怕他们之前不过是将从前辈那里听来的话重复说出来而已，其实他们内心也知道，日航破产证明之前的经营不对，利润必须得到保证。只是他们没有勇气从一开始就这么说。

◉ 从旧日航继承的不可思议的文化

经营状况恶化到了破产的程度，但各部门仍想从公司获得尽可能多的预算，哪怕一日元也要争。而争取到手的预算，就要全部用光。这令我非常震惊。公司亏损与己无关，比如，自己是部长，就要把自己获得的预算用得精光。否则，下次的预算就会被削减，就会丢面子，在升职竞争中也会失败。

所以，即使濒临破产，为了用光预算，还在购入不需要的东西。争夺预算的竞争十分激烈，为了获得哪怕多一点点的预算，对于本来应该合作的部门，也不惜指责。这样，干部之间、部门之间就根本不可能产生一体感。以预算制度为基础的企业文化不仅造成了浪费，而且使部门之间形成了壁垒。

但是，当指出这些问题时，他们立刻就反省了，"这很难为情"。实际上，他们一进入日航就是在上述企业氛围中拼命努力向上发展的，没有想过要去改变那种状况。但这也并不意味着他们认可那种做法。

此外，对于安全的认知也很片面。可能是御巢鹰山的悲惨事故给他们留下了心理阴影，用在安全上的预算成了不可侵犯的"禁区"，绝不削减安全方面的成本，这成了心照不宣的默契。"用在安全上的投资，再多也是理所应当的"，大家的思考就在这里停止了。

但是，仔细想一想就会明白，如果花多少钱都行的话，谁都可以保证安全。但是，对于经营者来说，必须有"既要提升安全性能，又要降低成本"的智慧。这在任何行业都是一样的，为了满足客户的要求，或是为了在竞争中取胜，就必须动脑筋想办法，不断创新，制造出更为质优价廉的产品。例如家电产品，品质上升，价格反而下降，这种事例很多。举这样的例子，是为了告诉大家这在民营企业里是平常事。他们也都点头称是。

像这种脱离一般常识的观念还体现在其他地方。例如，日航有干部特殊的上班时间。让我吃惊的是，即便日航破产了，他们也是上午 10 点左右才到岗。我总是 8 点前就到了，所以我责问其中一人，"这样不太好吧"，我觉得他缺乏作为干部的自觉性。

但是，这个人却理直气壮地答道："没什么不好的呀，我昨天工作到了深夜，考虑到健康，也就只能这个时间才来了。"

但是，在部下看来，"在这种困难时期，部长居然 10 点才到公司"。虽说这名干部工作到深夜，但那个时候员工已经不在了，没有一个员工看到他工作到深夜的样子。

于是我问他:"您认为您的部下尊敬您吗?"他回答说:"这个怎么说呢? 反正我在拼命工作。"我说:"如果这样的话,是不是早上比部下早到会更好呢?这样,大家都会看到部长真的在努力,就会尊敬您。"他点头说:"确实如此。"于是他从第二天就开始提早上班了。

还有一件这样的事情。有一个干部问:"稻盛先生说,'要做作为人正确的事情'。我觉得我们一直是这么做的,那句话到底是什么意思呢?"我回答说:"作为人正确的事情之一就是要信守承诺。您可能认为这是理所当然的,我们都会对孩子说:'不能说谎,要信守承诺。'但如果您的孩子问您:'爸爸有没有在公司里信守承诺呢?'您能理直气壮地回答'那当然'吗?"这样一说,他就沉默了。

实际上,日航正因为根本没有履行迄今为止的承诺,也就是对利润目标和重建计划的承诺,才破产的。就是说,他们连作为人最基本的"信守承诺"都没能做到。可能是我指出了这一点,他才无言以对的吧。

● 缺乏用数字经营企业的思维

最让人惊讶的是，日航完全没有用数字经营企业的概念。开会时，实绩数字也好，目标数字也好，一概没有。我原以为是破产之后的混乱所导致的，一问才知道，一直以来都是这样的。每个月的实绩数字都要到几个月以后才知道，而且还是概算的数字。更离谱的是，除了财务部门之外，只有一部分干部知道这些数字。

这样的话，即使经营恶化也无法迅速采取措施。以3个月前的数字结果为依据思考对策，毫无疑问为时已晚。另外，只有一部分人知道经营实绩，就无法形成全体员工共有的危机感。即便经营者呼吁大家削减成本，不知道实际亏损状况的员工也不可能认真执行。

如果想要经营好企业，是不是必须在会议上讨论月度的目标数字和达成情况并思考对策呢？当我指出这一点时，他们回答说，"我们早就想这么做了，但是做不到。您之前从事的是制造业，对我们这个行业不了解，所以您不明白"。

航空公司常有重复订单，订单被取消的事也经常发生，机票价格既有随着搭乘日的临近而不断上涨的情况，也有相反的情况，再加上里程积分等，很难搞清楚哪个才是真正的机票价格。因为航空业的这种价格构造非常复杂，所以无法制定月度目标，而要算出实绩，更是不知道要花多少时间。

但是，在民营企业工作过的人都知道，这种情况在任何行业都是一样的。在电子零部件行业，价格和规格同样不停变化，与国外做生意时，汇率也时常变动。这不过就是普通的市场经济而已。

到了日航以后，和日航的干部们对话时，我遇到很多在普通的民营企业里无法想象的事情，这真的让我很吃惊。但是，在听完他们的阐述，展开坦诚的讨论后，我意识到，问题出在日航一直以来的企业文化和公司风气，而不是包括干部在内的日航员工，他们全都是单纯善良的人。之所以会变成现在这样，主要是因为他们自己没有思考过"作为人什么是正确的""作为民营企业应该怎么做才对"等问题，只是受旧日航文化的熏染，沿袭了前辈员工的习惯而已。

　　所以，对我之前所指出的几件事情，他们内心也曾感觉"不妥"，但公司的氛围不允许他们否定前辈定下的规矩，只能按照上司的指示行事。

　　所以，当花费时间耐心地予以说明后，他们坦诚接受的态度也是让人吃惊的。此外，还有很多年轻员工直接对我说，"其实我早就认为日航的文化和上司的工作方法是不对的"。

　　实际上，只是因为他们是在旧日航这种特殊的文化环境中成长起来的，局限于航空业这个狭窄的领域，所以导致思维方式因循守旧。一旦把道理讲通，他们就能接受。他们可能有不懂世故的一面，但都是非常坦诚和单纯的人。

JAL

第 四 章

意识改革

◉ 逆境中坚定决心

稻盛先生到任后，向日航的相关人员介绍我时说："这是我的副官、最理解哲学，也最懂员工的心。所以我将意识改革的工作托付给他。"听到他的这番话，我一方面因为评价过高觉得羞愧难当，另一方面也感到责任之大。

但那个时候，我对情况还不了解，心里想着，"也不知道能干成什么样"。从某种意义上说，承担责任还不是很具体。但是，随着工作的不断深入，我逐渐意识到了自己的责任重大。报纸和杂志纷纷评论，"日航的官僚体制是最大的问题，之前也有过好几次意识改革，但全部失败了，所以意识改革是最难的"。通过与干部们的对话，我切身感受到了日航长久以来不寻常的公司风气。

必须改变员工的意识，上任日航数周以后，对自己身上的重担，我开始感觉到巨大的压力。

媒体的否定性报道异常之多，让我深感头痛。主流报纸几乎每天都会报导日航的动向，周刊也几乎每周都要编撰日航的特辑，走到书店，看到的都是《日航重建的谎言》一类的书。总而言之，都是必定失败的负面论调，没有一家媒体预测重建成功。员工也说，读报纸、去书店让人心烦。我非常理解这种心情。

媒体认定日航重建必然会失败，但稻盛先生却赌上了自己的人生，公开宣布无论如何都必须成功。接受稻盛先生的指名，通过意识改革帮助日航重建，一定是一件非常困难的事。这点我当然清楚，但我也深知，这无疑也是我人生中最有意义的事情。我感到热血沸腾，有了一种无论如何都必须完成自己使命的强烈愿望。实际上，当时我也已经没有退路了。如果我胆怯、退缩、放弃的话，日航就无法重建。所以，无论如何都要让意识改革取得成功，我充满了一往无前的勇气。

但是，我的实际情况却不能匹配我的愿望。我既没有航空业的知识，也不知道员工教育的窍门。此外，即使有事想找人商量，周围也没有认识的人。即便我断言，"只要以稻盛先生的经营哲学为基础进行意识改革，重建就一定能成功"，但却根本无人理睬，大家都说："稻盛先生的经营哲学我们看书就懂了。他好像确实是把京瓷从中小企业变成了大企业，但那是因为京瓷是制造业才成功的。对于服务行业，又是大型企业的日航，怎么能适用呢？"同时，媒体的负面报道也一直在持续。

我相信重建一定会成功，也一直是这么说的。但在内心深处，我不断与巨大的不安做斗争。晚上一个人的时候，怎么也睡不着，身心无法保持统一。无论如何想要成功的愿望让我热血沸腾，但身体却不由自主地想要从这种残酷的环境中逃走。最初几个月，是我痛感自己脆弱的时期。

但是，一到日航上班，稻盛先生就和平常一样，开朗乐观，沉着冷静，作为会长在一线临阵指挥。他的这种姿态激励了我，我下定决心，一定要履行好自己的职责。

● 意识改革的基本思路

虽然有了决心，但怎么做才能推进意识改革，才能发挥自己的作用，我不知所措。时间不断流逝，我陷入了焦虑："自己怎么派不上用场呢？"不安与日俱增。

不过有一点是明确的，就是为了重建成功，就必须尽快培养能够切实执行重建计划的领导人。前面提到，从与日航干部的对话中我了解到，他们之中，具备民营企业家经营意识的人一个也没有。像评论家一样，解说日航破产的倒不乏其人。号召大家团结一致，无论如何都要重建成功，具备这种热情的人也没有。依靠这样的干部，不管重建计划多么完美，也无法付诸实行。

可是，我感觉到，他们内心也明白，过去的做法是错误的，只是不知道应该怎么办而已。如果是这样的话，怎么当好合格的领导人？只要彻底传授这一条，他们就会改变。按照这个思路，我考虑，先对大西社长以下的全体干部实施领导人教育，制定领导人教育计划。

在与现场员工的交谈中，我深深地感受到，他们对历来的经营者和总公司的员工抱有强烈的不信任感，而对稻盛先生和稻盛先生的哲学期望很高。甚至有员工流着泪对我说："日航的亲生父母都是很糟糕的人，但现在稻盛先生这个了不起的养父来了，我们也愿意一起为重建出力。""稻盛先生来了，日航必能重建。"从心底抱有这种期待的员工非常多。

这些员工就是日航的宝贵财富，但是长期以来，他们被限制在照业务手册行事的框架内，按实际情况自行判断的行为遭到禁止。员工对其他部门的情况不了解，彼此也无法相互帮助，因此职场没有活力，也没有一体感。

这就有必要把现场的员工从业务手册至上主义中解放出来，同时，有必要在日航全体员工之间营造互帮互助的一体感。基于此，如果能让日航干部深入理解稻盛先生的经营哲学，并与全体员工共有的话，员工的士气也好，一体感也好，都会提升。因此，就必须有体现全体员工共同价值观的日航哲学。于是，我考虑制定日航哲学，并将此作为教材，对全体员工实施哲学教育。

先实施领导人教育，接着制定日航哲学，然后面向全体员工开展哲学教育。我将这个意识改革的基本思路向稻盛先生做了汇报。稻盛先生当场就说，"就这么办"，同意了我的计划。

◉ 制定意识改革的具体计划

虽然基本思路确定了，但仍然不清楚具体应该怎么做。这个时候，我觉得先要了解迄今为止日航内部教育的实际情况。于是，在跟负责相关事宜的董事商量时，他向我介绍了对员工教育比较了解的人事部的野村先生。野村先生后来担任了意识改革推进部的部长。

据说，日航一直以来对教育都很热心，甚至有一栋专门的建筑作为教育中心。日航的员工教育以专业教育为主，另外，对人文教育也很花力气。但实际上，这些工作都交给了外部的教育咨询公司，主要是聘请一流讲师讲课，主要对象是日航的正式员工。

我认为，这种依赖外部的教育方式，或许可以提升员工的常识和一般教养，由于讲师的思维方式因人而异，对形成一体感没有什么作用。另外，将教育对象主要局限于正式员工也不妥当。

野村先生是一个单纯耿直的人，我听完他的介绍之后，向他说明了我之前提到的意识改革的基本思路，结果他大吃一惊。比如，有关领导人教育，过去从没有对经营领导层进行过教育，因此他认为做不了。而且他还反对制定日航哲学。日航迄今为止已经有过好几次制作标语和制定宗旨等相关活动，但没有什么效果，所以他认为在刚刚破产之际，再来做这样的事情，员工会产生严重的抵触情绪。

野村先生的意见很宝贵，但不能因此就不进行意识改革。不过从他的意见中我明确了一点，因为意识改革的课题实际上极其单纯，所以由我这样一个外来人士带头的话，可能会引起员工更大的反感。

于是，我们决定暂时请大西社长带头，我担任幕后的角色。我们向大西社长提出了这个请求，一开始他当然很犹豫。他不想给从京瓷来的人打下手，我十分理解这种心情。但通过反复阐述稻盛先生的哲学以及意识改革的重要性，他最后终于答应说，"我理解了"，接受了安排。

3月上旬，包括上述内容在内，我整理了更为具体的意识改革的计划，做成报告提交给稻盛先生。稻盛先生批注"照此办理"，并对我说："这件事就交给你了，大家对意识改革都很担心，对破产清算人等也要做详细的说明。"

知道自己的计划得到认可并被执行，当时我是很高兴的，但此后就痛感责任之重，虽然我制定的是让意识改革得以成功的计划。稻盛先生对我说，"这件事交给你了。你自己制定的计划你要负责付诸实行"。我下定决心，一定要按照自己制定的计划日程推进，一定要让意识改革取得成功，不达目的不罢休。所谓紧张得浑身绷紧，当时的我应该就是这种感觉吧。

◉ 设置意识改革推进准备室

虽然制定了意识改革的基本计划，但仅靠我一个人什么都干不了。我向稻盛先生提出，希望京瓷派遣援军，稻盛先生一口回绝"不行"。于是我又向大西社长提出了组建意识改革实施团队的请求。京瓷在日本国内有两万多名员工，配备了 30 人左右的教育团队，所以我向他提出，日航至少也需要 10 人的团队。

但是，站在日航的角度来看，实施结构改革才是最重要的事情，他们不认为通过意识改革可以实现重建。甚至有人说，"虽然稻盛先生作为重建的标志性人物来到日航，但如果按照稻盛先生所说，进行意识改革就能实现重建的话，就不需要辛苦奋斗了。实际上，重建工作得由我们自己干。所以专职做意识改革的人，我们不想出"。

话虽然这么说，但他们也考虑到我的立场，到了5月，终于设立了"意识改革推进准备室"。最初只有我和先前提到的野村先生两个人，到了5月中旬又有两人到任，最后又来了一个，形成了5个人的组织。日航方面说不想再多出人手了。

5人中有一位女性，她原先在关西国际机场工作，突然有一天被上司告知要调职。她问："调到哪个部门呢？"上司回答说，"我也不知道，总之是调职到总公司"。其他成员的调动过程也大同小异。

领导意识改革的意识改革推进准备室是新设部门，谁都不知道是干什么的。这些人在不知情的情况下收到了调令，到了这里一看，原来是我在负责，而且他们被要求在我的领导下工作，这对于他们来说，一定是晴天霹雳。

我向他们阐述关于意识改革的想法，"自己公司的文化需要自己建立，这是我的基本认知。新生日航一定要建立稻盛先生所倡导的公司风气和企业文化。这样的话，就不能依赖外部，讲师、教材、课程都必须由我们自己研发和制定"。我还对他们说，"重建必须在3年内完成，希望大家带着紧迫感推进工作"。

　　接着，我对自己规划的领导人教育和哲学教育的概要进行了说明，向大家表达了我的决心，无论如何也要按计划推进。他们认为，我规划的意识改革的内容过于大胆，让他们吓了一跳。同时，他们对我想要强行推进计划的姿态流露出不安："肯定会跟不上。"于是我鼓励他们，"这些都是大家从未做过的新工作，辛苦大家了。但意识改革一定能成功，到时候新闻媒体会蜂拥而至，这是具有历史意义的工作，让我们一起努力"。

　　但是，他们对此瞠目结舌。一开始的时候，无论我说什么，他们都只是反对。我也觉得很正常，突然来了一个从来没有负责过教育的、制造行业出身的董事，尽说些什么领导人教育、哲学之类的听不明白的话，还说一定能成功。大家没法马上相信。

即便如此，我也只有一个选择，就是努力向前走。不管他们对我过于强硬的姿态表现出困惑也好，反抗也好，我唯一思考的，就是如何按照自己的计划推进意识改革。

但可以说，正是这样的反抗，才让意识改革得以顺利推进。如果他们是阳奉阴违的人，表面服从而实际不作为，那么意识改革就无法推进了。正是因为他们反抗，不明白就是不明白，坦诚地说出来，我才能用尽可能简单易懂的语言说明事情的目的和意义。在这样反复交流的过程中，他们也逐步理解了我的想法，具体的事项才得以不断推进。

结果，意识改革顺利推进，争相报道的新闻媒体确实蜂拥而至了。后来他们问我："大田先生一开始就说意识改革必定能成功，媒体会蜂拥而至，是因为当时就有胜算了吗？"当然，我一开始并没有什么胜算，我回答说，"如果不这么说的话，就没人跟我干了"。实际上，我最初拥有的不过是无论如何都必须成功的强烈愿望而已。

虽然一开始有隔阂，态度有些冷淡。但是很快，意识改革推进准备室的成员之间建立了志同道合的伙伴般的关系。我不断地提出很多超出他们想象的要求，他们拼命努力，回应我的诉求。我只需要开口说话就行，而他们却需要仔细思考我的要求，制定具体的方案，并付诸实施。

不管是接下来要谈的领导人教育也好，还是哲学教育也好，都以这 5 名成员为中心，开发课程，制作教材，培养讲师并负责具体实施，从而逐步塑造起日航独有的公司风气。说日航 3.2 万名员工的意识改革取得成功，就是靠这 5 个成员的努力，这种评价也不为过，我从内心感谢他们。

JAL

第 五 章

改变从领导人开始

● 领导人和管理者的区别

企业经营中最重要的是，找到具备优秀人格的杰出的领导人担任经营干部。领导人必须拥有直面任何困难，绝不逃避的勇气，不仅对部下和同事要关心爱护，而且能始终保持谦虚，持续付出努力。如果不是这样的领导人的话，那么就连很小的部门也没法管好。

一开始我就提到，到任日航后，在出席会议、考察现场的过程中，我痛感日航没有可称之为领导人的人物。如果是这样的话，不管建立怎样出色的重建计划，都无法实现。而且，上级的意识如果不发生改变，下属的意识也不可能改变。相反，如果干部的思维方式改变了，下属的思维方式自然就会改变。所以，我觉得必须尽快开始筹备领导人教育。

于是，我就对意识改革推进准备室的成员说，"我希望召集包括大西社长在内的董事和主要干部共50人左右，从他们开始，实施领导人教育，每周5次，每次3小时左右"。但他们最初连领导人教育这个概念还难以接受，所以都说，"绝对行不通"，表示反对。

尽管这样，我还是委托他们归纳我的想法，并制作报告书。但是，他们交给我的报告书的题目却是管理教育。虽然我指出，"不是这个，我想要开发的是领导人教育的课程"，但再次交回给我的报告书上还是写着管理教育。

大概当时他们是把领导人和管理者混为一谈了吧。这也可以理解，在一般的大企业里，升到管理职位的话就会接受管理教育，然后学习合规守法的重要性、人事评价的方法、目标数值的设定方法等内容，一般来说都是如此，所以他们才认为领导人教育就是管理教育。准备室的成员们可能这么理解的，"大田先生所说的领导人教育，一般叫管理教育，大田先生大概不了解这一点，可能是因为京瓷的人把管理教育称为领导人教育吧"。

于是我反反复复地对领导人和管理者的区别进行了说明。

"在监督部下的管理方面，你们可能很了解，甚至可能很擅长。但是，现在日航需要的是，培养能够团结部下并引领他们朝着同一目标前进的领导人。

所谓优秀的管理者，遇到困难时可能会思考迂回作战，如果进展不顺利，还可能找借口逃避责任，日航就是因为到处都是这样的管理者才倒闭的。想要让重建成功，需要能够朝着一个目标，不断思考如何统领和鼓舞部下，遇到任何困难都决不放弃，一路干到底的领导人。从现在开始我们必须培养这样的领导人。"

这样阐述，总算让他们大体理解了领导人教育的必要性。

◉ 准备领导人教育

接着，我们立刻开始讨论具体日程。为了切实执行重建计划，为了让将要导入的阿米巴经营正常发挥功效，培养领导人是当务之急。所以，我再次提出，"领导人教育从 6 月开始，每个工作日，也就是每月开 20 次学习会，课前必须预习，课后必须交报告。最后一次要集体寄宿集训"。虽然这么说，可能会让人联想到地狱般的特训，但领导人教育必须一气呵成，除此之外，别无他法，我就是这么认为的。

对于这个计划，反对的声音就更大了。意识改革团队的成员知道，经营干部们都非常忙碌。所以他们说："实际上这些干部不可能都出席，强迫参加是不行的。"确实，这种反对意见也有一定道理。

但是，如果我在此时对现状表示理解，予以妥协的话，争论可能会平息，但结果就是重建工作的延迟。于是，我反复说明领导人教育的重要性，以及必须快速推进的理由。最后，领导人教育的实施计划，确定为每周4次，每月共计16次，周六也召开学习会。

接着就讨论领导人教育的内容，也就是课程设置的问题。我认为，"最为重要的是领导人应有的姿态和经营哲学，这个部分必须由稻盛先生亲自授课。此外，如果请在京瓷长期担任社长、会长职务的伊藤谦介先生，KDDI会长小野寺正先生，以及盛和塾的塾生等来讲他们的经验，那么就可以帮助大家深入理解稻盛先生的经营哲学"。

还有，看来日航的干部们都不明白用数字经营企业的重要性，也不了解企业会计的基础知识。所以我希望他们学习稻盛先生所著《稻盛和夫的实学》①中的"会计七原则"。"到时候，就让他们观看稻盛先生在母校鹿儿岛大学的演讲录像吧。"我认为，这样每天都向稻盛先生学习怎样当领导人，学习经营哲学，干部们一定能成长为合格的领导人。

当我把上述内容告诉意识改革团队的成员时，他们却都表现出了不安：召集全体经营干部，实施"如此高强度的课程"，行吗？他们对我说，"还是从外部找一流的讲师比较好吧"。当时，他们对稻盛先生还不了解，而且还担心稻盛先生能否每周都来讲课。

我觉得要请稻盛先生确认上述事情，就去与他协商。稻盛先生坦言，"这个计划有点太过强制了吧，我觉得应该更慎重一点。但如果你认为有必要这么做的话，那么就做下去吧"，也同意了。对于每周要亲自讲课，他说，"虽然很棘手，但我不干不行啊"，也认可了。

---

① 已被东方出版社引进出版，中文书名为《稻盛和夫的实学：经营与会计》。

他还问我："这是难得的机会，你要注意发现人才。你是以什么为基准评价人的？"我回答说，"我认为，那些最喜欢日航的，踏实认真、拼命努力，而且性格开朗的人适合担任领导人"。稻盛先生说，"这样就可以了"。

在得到稻盛先生的认可后，我立刻就开始挑选听课学员。我对团队成员说，除了董事之外，还希望加上部分女性员工和有发展前途的年轻人，最后确定选择52人，向每一个人都发出了出席通知。

虽说我们已经有思想准备，但他们的抵制还是很激烈。经营干部们本来就没想到自己要接受教育。所以他们提出了各种各样的反对意见，如"为什么现在还要让我们接受教育？""每天都出席学习会根本做不到。""要顾及安全航行和客户服务，让所有干部同时离开工作现场去参加学习会，很不妥当。"

此外，还有人提出，"我们知道学习会的意义，但应该减少次数，改为每月一次，最多每周一次"。特别是关于从6月开始这一点，有很多人反对。因为这一时期各个部门都忙于招募自愿离职者，推动结构改革，而且还要敲定详细的重建计划，以便6月末向法院提交。6月是最忙的一个月，这个时候举办学习会实在不合时宜，所以有人提出，"还是从秋季开始吧"。

不仅日航的干部这么说，诸位清算管理人也批评这个计划太过强制。

我一开始就预料会遭到反对。但是，好不容易制定了出色的重建计划，如果领导人的意识没有改变，实施不了的可能性很大，那么，重建就不会成功。而且，干部的意识如果不改变，员工的意识也不可能改变。我就是这样想的。所以我决定按照预定计划推动领导人教育。结果，向法院提出重建计划的时间是延迟了（其中还有其他原因的影响），给大家添了很大的麻烦。但此后，重建工作不仅顺利推进，而且还实现了远超重建计划的成果。

领导人教育就这样开始了，但每次的准备工作都非常不容易。日航没有计划中要使用的稻盛先生的"实学"录像资料，必须从京瓷借用。一问京瓷才知道，还没有编辑录像资料。我虽然知道时间非常紧张，但还是硬着头皮拜托京瓷教育部门，将其编辑到可以用作教材的程度，直到学习会开始的前一天录像资料才编辑完成。

在稻盛先生每次讲课结束后，预定要搞空巴，但有人在开场前突然说，"空巴还是不要开了吧，员工们正在拼命工作，董事们却在公司内喝酒聊天，士气会受影响的"。但我没有理睬这种说法，"我们喝酒的目的不是取乐，而是针对学到的东西进行坦率的讨论，因此空巴按原计划进行"。

这个领导人教育是日航重建的关键所在，我并不打算将其范围限制在第一批学员中。我想将领导人教育的内容拍摄下来，将其用于以后的干部教育。意想不到的是快要开始的时候，我被告知，"日航没有摄影器材，没法摄影"。于是，只得拜托京瓷来帮忙摄影。我当初说边干边摸索，实际上真的是一个焦头烂额的开始。

◉ 领导人教育的另一个目的

在领导人教育开始之前，我对意识改革推进准备室的成员提出要求，"出席者的座位是指定的，而且每次都要变更"。这是因为，领导人教育还有一个目的，提升干部的一体感。

就像之前说过的那样，日航的各个本部长为了多得预算，彼此都是竞争对手，总是相互抱怨。而且就办公场所来说，有的是在总部，有的是在机场，距离上也离得很远，所以很多干部之间几乎没有交流。他们的部下也避免跟其他部门的员工进行交流，可能是担心本部长之间是竞争对手，部下之间关系太过密切不好。如果这样下去的话，不管到什么时候，日航的一体感都无法提升。

全体干部共同参加的领导人教育可以成为干部们增进了解的机会，但如果座位是自由选择的话，恐怕那些原先关系比较好的人会坐到一起。这样一来，就无法充分运用这次难得的机会增进彼此的了解。所以，座位都是事先指定好的。

就这样，原先是竞争对手的本部长们几乎每天都在学习会和空巴上亲切交流。在这样的交流中，他们开始有了新的感悟，"以前一直都抱怨对方，但原来对方也和自己一样辛苦，看来还得相互支持呀""没想到对方是这么好的一个人""以前应该多支持一下对方的",等等。我也经常对他们说,"只要你们觉得是本部长之间可以讨论的话题,就请尽可能地探讨""大家都是一条船上的人,希望大家要同心协力"。

一直以来,"不与下级沟通,只由领导做出的决策,会导致下级不知所措,所以不要只在部门领导之间做出决定",是心照不宣的规则。但因为几乎每天都出席领导人教育,都见面聊天,自然就会增加彼此间的联系和相互支持。这么一来,下属们也开始跟其他部门的员工积极沟通。就这样,干部之间的关系变得更为和谐,下属们的意识发生变化,部门间的交流一点点地变得顺畅了。

◉ 稻盛先生气势逼人地讲课

这个领导人教育的目的,就是在干部间渗透稻盛先生的经营哲学,帮助他们成长为真正的领导人。因此,虽然要给稻盛先生增加很大的负担,但我还是请求他每周一次,共计5次亲自授课。授课的效果极好,可以说一下子改变了日航干部们的意识。

稻盛先生第一次授课是在 6 月 1 日傍晚 6 点左右，大家在董事会议室集合，以"领导人应有的姿态"为题，稻盛先生结合自己的经验，阐述了领导人的重要性、领导人应有的思维方式、成功方程式及人格的重要性等内容。

授课结束后，在这个会议室开始了空巴。每个人承担 1500 日元的费用，在分好的 8 组会议桌上，摆上了事先准备好的罐装啤酒和盒装寿司。我希望大家不拘形式，自由讨论，所以也把一开始的"干杯致辞"列入了议程。但是，稻盛先生立刻提醒我，"你自己说不拘形式，我们这一桌的讨论已经开始了，形式主义的干杯致辞就免了吧"。稻盛先生时时思考事物的本质，让我深感敬佩。

这是第一次空巴，感觉好像哪里不对劲，气氛一点也不热烈，冷冷清清地结束了。

从第二周开始，稻盛先生分 4 次为大家讲解了"经营十二条"。"经营十二条"是稻盛先生总结的 12 项经营要谛，内容如下。

第1条　明确事业的目的和意义——树立光明正大的、符合大义名分的、崇高的事业目的。

第2条　设立具体的目标——所设目标随时与员工共有。

第3条　心怀强烈的愿望——持续怀有渗透至潜意识的强烈的愿望。

第4条　付出不亚于任何人的努力——一步一步、扎扎实实、坚持不懈地做好具体的工作。

第5条　销售最大化，费用最小化——利润无须强求，量入为出，利润随之而来。

第6条　定价即经营——定价是经营者的职责。价格应定在客户愿意接受，公司又盈利的交汇点上。

第7条　经营由意志决定——经营需要洞穿岩石般的坚强意志。

第8条　燃烧的"斗魂"——经营需要昂扬的斗志，其程度不亚于任何格斗。

第9条　临事有勇——不能有卑怯的举止。

第10条　不断从事创造性的工作——明天胜过今天，后天胜过明天，不断琢磨，不断改进，精益求精。

第11条　有关怀之心，诚实做事——买卖是双方的，各方都得利，皆大欢喜。

第12条　始终保持乐观向上的态度，抱着梦想和希望，以坦诚之心处世。

稻盛先生每次都结合自己的经验，通过具体事例，专心致志地讲解"经营十二条"。有一次，他感冒了，体力不支，但还是热情洋溢地说："哪怕吐血我也要讲下去，所以你们一定要好好理解。"稻盛先生讲义中有一种气势逼人的力量。

但即便如此，在领导人教育刚刚开始的时候，极度忙碌的干部们学习态度消极，只盼着"快点结束为好"。在之后的空巴上，没有一个人主动积极地与稻盛先生交流。稻盛先生参加过的所有空巴中，恐怕没有一次气氛像这样低沉的。

当时我很担心，"这样下去怎么行呢"。但在第三次空巴时，有一名日航干部举手发言了。他来自企划部门，是精英中的精英，也是将来社长的热门人选。他说，"我一贯以来做的事情都错了，真的很对不起。稻盛会长的教诲全都正确，我们如果早一点受到这种教育，日航就不会破产了"。

他因为是搞企划的，以前认为只要做出好看的计划书，能从银行贷到款就可以了。至于计划能否顺利执行，则完全推给一线，如果一线计划执行不好，他就认为"一线能力不行"。

这位旧日航的代表人物发言，说"稻盛先生是正确的"。这个发言一下子改变了现场的氛围，从那时开始，干部们都聚拢到了稻盛先生周围，谈话持续到很晚，其实大家心中的想法都是相同的。

此后的领导人教育，包括空巴在内，气氛都很活跃。在稻盛先生的课程中，大家最关心的是京瓷和 KDDI 的前身——第二电电的创业故事。两者都不是纸上谈兵，而是以切身体验为基础的实际案例，所以很有感染力。从干出实绩的成功者那里听到的话，和从经营教科书读到的、从经济评论家那里听到的根本不同。参加领导人教育的干部们，虽然读过稻盛先生的书，但那只是基础教养。而从稻盛先生本人那里亲耳听到生动的语言后，才更深刻地感受到，"难怪他成功了"。

从那时开始，从出席学习会的干部中传出这样的声音："稻盛先生切身的经验之谈非常具体，很有感染力，简单易懂。我们还想学，我们要把所学付诸实践，还要向部下传达。"同时，"这个人值得追随，我们跟定了"，干部中逐步形成了这种共识。我也察觉到了这一点。

　　成功者切身的经验之谈最能引起大家的兴趣。所以我们经常会阅读历史上的成功人士的著作和传记。如果这个人还健在，我们就希望直接听到他的讲话，从中汲取智慧。大家的想法都是一样的。虽然一开始还抱有戒心，但通过当面聆听稻盛先生讲课，在空巴上与他推杯换盏，越来越多的干部被稻盛先生的魅力吸引。而且，好几个人都说，"我跟太太说，听了稻盛先生的课。太太对我说，太羡慕你了，这种机会太宝贵了，把内容跟我也讲讲吧"。就这样，大家对领导人教育的热情一次比一次高涨。

◉ 用数字开展经营

　　最初的两周，除了稻盛先生直接授课外，还有先前介绍的《稻盛和夫的实学》中"会计七原则"的讲课录像，分3次播放。按理来说，如果不能及时掌握准确的数字，就无法经营好企业。稻盛先生在创办京瓷时就意识到了这一点，因此总结了这7项原则。

　　一切都是最基本的东西。但我认为，经营干部们需要理解这些看似理所当然的原则，才能以数字

111

为基础开展经营，所以我将其放入到了课程内容里。"会计七原则"的概要如下。

1 一一对应原则

在经营活动中必然有钱、物的流动，在会计处理中必须始终保证物、钱与票据的一一对应。这个原则称为"一一对应原则"。

不管什么时候都必须贯彻"一一对应原则"，物品发生了流动，就必须填写票据。这样做就能随时正确把握物品和资金的流动，就能让财务数字始终如实反映企业经营的实际情况。

2 双重确认的原则

人有时候难免鬼迷心窍，犯下错误。比如，这个月的业绩没有按计划完成，往往就会出现篡改数字的事情。

要保护员工，就要注意到人心的这种脆弱的一面，通过多个人之间，以及部门之间的相互确认，保证会计处理的正确性，这就是"双重确认的原则"。

建立在所有业务流程中都彻底贯彻双重确认的体制，就能提高经营数字的可信度。而且，这也是具备防止员工犯错的关爱之心的体现。

3 完美主义的原则

所谓"完美主义的原则"，就是不允许任何的暧昧或妥协，所有工作都要追求完美，乃至每个细节，这是全体员工面对工作时的基本态度。

在会计处理上也是一样，要以"必须追求100%正确的数字"的姿态面对工作。

4 筋肉坚实的经营原则

企业经营中，构筑没有赘肉的、筋肉坚实的经营体制非常重要。因此，必须以"筋肉坚实的经营"为目标，对于不产生销售额和利润的、多余的库存和设备，都必须一律处理掉。

为了让业绩好看，将卖不出去的商品作为库存计入，或对不良债权置之不理，就不能说是实践了"筋肉坚实的经营"。必须对库存和债权设定运用规则，加以严格管理。

这种努力的不断积累，就能使公司始终保持健全的、坚固的经营体制。

5 提高核算效益的原则

企业要追求全体员工的幸福，要为股东等持股者带来回报，就需要持续提高核算效益，构建稳健的财务基础，让企业不断向前发展。因此，需要全员都拥有经营者意识，不断创新、创造，团结一致，实践"销售最大化，费用最小化"，持续提高核算，构筑坚实的企业体制。

6 现金流经营原则

所谓"现金流经营原则"，就是指基于"现金的流动"，依据事物的本质，实事求是地进行经营。为了将焦点放在企业经营中最为重要的"现金流"上，以实际发生的"现金的流动"和"利润"作为经营的直接依据，"以现金为本的原则"非常重要。

7 玻璃般透明经营的原则

所谓"玻璃般透明的原则"，就是指企业要开展透明的经营，不仅企业经营者能把握公司的实际情况，而且让全体员工也能了解企业的经营状况。为了实现"全员参与的经营"，全体员工就必须知道自己部门和公司整体的经营状况和经营方针，由此才能使企业的实际情况和自己的前进方向达成一致，进而产生参与经营的意识。

观看完上述"会计七原则"的视频后，我邀请了日航负责财务的董事进行了补充讲座。由于他已经读过《稻盛和夫的实学》，对于此书宗旨非常赞同，所以结合日航的实例讲解"会计七原则"的重要性时，他讲得通俗易懂。我想正是这个原因，那些原先对财务根本不关心的干部才进一步深入理解了准确的数字对于经营的重要性。

此外，前面也介绍过，在领导人教育中，我们还拜托了京瓷的创业成员伊藤谦介前会长和 KDDI 的创业成员小野寺正会长等人，在百忙之中抽出时间前来讲课。他们二人都是在稻盛经营哲学的熏陶之下成长为经营者的人，他们的讲座以实际体验为基础，非常精彩。

开始接受稻盛先生指导的日航干部们对他们二人如何理解稻盛先生的经营哲学，并如何在企业经营中运用的话题，是非常感兴趣的。事后我了解了一下大家的感受，最多的是，"这两个人的人格很高尚"。这说明大家切身感受到了稻盛先生在一开始的课程中就讲过的内容，"领导人首先要拥有高尚的人格"。

◉ "六项精进"

在领导人教育的课程中，有一个我无论如何都想放进去的内容，它就是稻盛先生的"六项精进"。稻盛先生经常说，无论是谁，只要能够践行"六项精进"，就一定能度过幸福美好的人生。所以，我想让日航的干部们都了解这个内容。

但6月的课程已经排满了，于是我们在7月17日又追加举办了第17次领导人教育的课程，在观看稻盛先生"六项精进"视频的同时，也请受训干部表达了自己的决心。

我想简单介绍一下"六项精进"的各项内容。

> 一、付出不亚于任何人的努力
>
> 二、谦虚戒骄
>
> 三、天天反省
>
> 四、活着就要感谢
>
> 五、积善行，思利他
>
> 六、不要有感性的烦恼

◉ 提高干部一体感的寄宿集训

领导人教育的最后一手，是预定在 6 月 26 日（周六）进行的寄宿集训。这个集训原来也遭到了强烈的反对。理由五花八门，"所有干部都在一处过夜集训，有安全隐患，在此期间又无法为客户服务""没有住酒店的预算""周末不休息的话太辛苦"，诸如此类。但是，"无论如何都要提供一个机会，让大家再次讨论领导人教育的心得体会""因此就必须不设时间限制，让大家畅所欲言，说出真心话""推心置腹，认真讨论，就一定能提高一体感""如果没有预算的话，自掏腰包也行"，我一一针对性地做了回答，半强制地推进了这次集训。

意识改革团队的成员对这场集训一开始没什么兴趣，但到最后，他们都积极地投入了筹备工作。但是，能容得下50多人开学习会，晚上还能围坐一圈召开空巴，价格还得便宜，满足这些条件的酒店并不好找。直到集训快开始的时候，一位年轻的成员总算找到了一家位于川崎的老旧商务酒店。只要把这家酒店会议室的桌子移走，在地上铺上租来的榻榻米，晚上就能举办空巴。

这样，接受领导人教育的全体学员终于一起参加寄宿集训了。上午开始的学习会和下午开始的空巴就在刚刚铺好榻榻米的房间里进行。一杯酒下肚，日航今后该怎么做，全员都坦率地、自由地展开了讨论，大家都讲真心话。就"为了重建日航，问题究竟是什么？""我们自己应该怎么做？"等话题，讨论得非常热烈，意见不断。很巧的是，这一天正好也是我的生日，大家为我送上了生日惊喜。那一刻我切身感受到"大家把我看成自己人了"。

在热烈的讨论中，时间飞快地流逝，大家回到自己的房间时，已是凌晨 4 点左右了。50 岁上下的日航精英干部们，像年轻人一样激烈地争论，不可思议的是在这个过程中一体感产生了。这次集训现在已经被称为"传奇的集训"了，这么说也不过分，那真的是充满真挚热情的一天。在那样的氛围中，我第一次确信，日航的重建一定可以取得成功。

◉ 领导们变了

参加领导人教育的干部们，随着学习次数的增加，他们的思想逐步发生了变化。参会人员几乎每天都直接聆听稻盛先生授课，或者是观看他的录像资料，每天回到家后，都要预习，还要写报告。有的人甚至说："这样的集中学习，已经让稻盛先生的思维方式进入了我们的头脑里，拿也拿不走了，不管在职场还是家里，稻盛先生的语言自然而然就会脱口而出。""自己已经与稻盛先生的思想融为一体了。"干部们就像干渴的大地吸水一样，吸收着稻盛先生的思想。

这样一来的话，职场上的语言和行为理所当然发生了变化。以前只谈自己部门的上司，突然开始谈起从领导人教育中学到的"作为人应有的姿态"，"用数字经营企业"，"部门间的协同才是重要的"等内容。然后，他们的行动也发生了这样那样的改变，不再抱怨发牢骚，而是带头拼命工作。受训干部们的思维方式和行动都发生了巨大改变，甚至用"眼睛看得见的"来形容干部们的变化也不为过。

按照最初的计划，我们打算把第一次领导人教育的内容拍成视频，然后让大约1500名管理岗位的干部接受同样的领导人教育。但是，看到自己上司的人格提升得那么快，很多人都提出"自己也想早点接受领导人教育"，"想要听稻盛先生讲课，哪怕只有视频也行"。各个部门的人都在问："我们什么时候可以听课？"

于是，我们以3000名管理岗位的干部为对象，开始了接下来的领导人的教育。最终完成这个工作花了很长时间。多达3000名管理岗位的干部接受了同样内容的教育，领导人教育取得了非常好的成效。

接受领导人教育的干部们得到了很大的成长。但人心是脆弱的，一回到旧日航的文化中，说不定很快就会被打回原形。于是，我决定以接受第一次领导人教育的干部为核心，坚持举办每月一次的领导人学习会。这时候已经没有任何人反对了，大家都对这样的学习机会满怀期待。

第二年，日航哲学手册完成后，在每个月的学习会上，参加第一次领导人教育的董事，会在稻盛先生面前对日航哲学的内容逐条发表自己的见解，再请稻盛先生给予点评。要在稻盛先生面前发言，会有很大的心理压力，但我希望大家认真思考，让自己有资格在稻盛先生面前发表见解。此外，对于哲学的理解如果不正确，会产生很大的问题，所以如果对哲学理解有偏颇的话，能得到稻盛先生的指正既很难得又是非常重要的。

大家都认真做了准备，发表了自己的见解。几乎没有错误可以让稻盛先生指出。他们直接接受稻盛先生的熏陶，不仅带领着自己的部门的员工不断学习，而且成了整个日航的哲学宣讲师。

稻盛先生亲自参加的每月一次的领导人学习会，由于各个部门都提出了参会请求，所以人数逐渐增加到了 200 左右，现在每月都在总部召开。作为"始作俑者"的我反倒有些担心，"这么多的干部来听课，不影响工作吧"，但是，大家都说，"大田先生，领导人学习日的下午来总部看一下吧，所有人都调整了自己的工作计划，满怀期待地集合到一起，看他们的表情就知道了"。

没有参加每月举办的领导人学习会的管理岗位的干部们，也会每年参加 3 次另一个学习会。在学习会上，他们会自问自答，"作为领导人，自己是否真的掌握了日航哲学"。

这种领导人教育，看起来有点粗暴，是半强制的培养领导人的方法，当初曾遭到很多人的反对。但几周以后情况变了，全员心情愉快，认真听讲。我认为，这是因为大家从内心感受到了："本来与日航毫无关系的稻盛先生，不求任何回报，自我牺牲，一心一意要让日航重建成功。为此，他尽心尽力要把我们培养成为合格的领导人。"稻盛先生的认真、大爱、发自内心的善意、利他之心，感动了日航干部们。这是毫无疑义的。

即便到了现在，日航的干部们也常常会说，"没有那次领导人教育就没有日航的今天。那一个月确实很辛苦，但正因接受了领导人教育，才知道了什么是经营，什么是领导人应有的姿态，为什么稻盛先生在会议上会那么讲。现在想起来，能跟稻盛先生直接交流，实在是非常宝贵的经历"。

现在，日航已经培养出了以植木会长为代表的众多优秀的领导人，他们在现场率先垂范，切实推动着被认为很难实现的重建计划，不仅让重建计划提前完成，还在谋求进一步完善，继续提升业绩。他们成了哲学的宣讲师，站在员工的意识改革的前列。由此，日航的利润也开始不断攀升。日航重建第一年的营业利润目标是641亿日元，当时人们认为100%不可能实现。但实际上，重建第一年的利润接近这个数字的3倍，即1884亿日元，这是日航历史上的最高利润。

第六章

提高全体员工的意识，酿成一体感

本书一开始就讲过，为了能让意识改革获得成功，就必须建立能够提高全员意识，酿成一体感的机制。下面我要讲的就是这个内容。

我认为不管什么组织都是一样，既然成立了组织，若想产生成果，就必须具备朝着同一目标相互协作的一体感。但是日航在我刚刚到任时完全是一盘散沙，根本没有全体员工团结一致、努力重建的氛围，他们甚至自嘲说，这是因为日航的文化是"章鱼陶罐文化"（章鱼陶罐是指捕捉章鱼用的工具，在一根网绳上连着多个单独的陶罐，意指个人主义。——译者注）。

为了提高一体感，我认为应该先着手建立日航全体员工都能认同并且共有的价值观，也就是日航哲学，在此基础上，以全体员工为对象，实施哲学教育。

◉ 哲学——神奇的语言

6月下旬，领导人教育逐步进入正轨，我再次向稲盛先生汇报，想要在年内制定日航哲学。稻盛先生当然非常理解哲学的重要性，但对于我要在年内完成的想法，他提出了建议："这么急的话，能制定出理想的内容吗，还是不要太勉强为好。"

实际上，京瓷制定企业哲学花了大约3年时间，即便是稻盛先生义务指导的盛和塾塾生的企业，花上1年时间制定企业哲学是很普遍的。所以我觉得，对于我想在年内完成的想法，稻盛先生建议不要太急，是非常合理的。

但是，如果将这些接受了领导人教育，对稻盛先生的思维方式产生共鸣的干部集中起来，学习京瓷哲学并加以彻底讨论的话，年内完成是可能的。另外，作为一个现实问题，为了在3年内完成重建，就必须在第二年开始哲学教育。这么看来，企业哲学的制定必须在年内完成。

我将以上想法向稻盛先生做了说明，他回答说："知道了，你就做吧，不过最后我要确认。"

我立刻将这一结果告知了意识改革团队的成员。虽然说企业哲学的制定原来就在计划中，但他们似乎没想到我会真干，都吃了一惊。我之前跟他们说过制定京瓷哲学的整个流程，所以他们也都认为要在 1 年内完成是不可能的。

虽然如此，但我告诉他们一定要做，并决定设立制定日航哲学的工作小组。我们从领导人教育的受训人员中选拔了 10 人，从 9 月开始进入实际操作阶段。

我认为有一点很重要，就是要以日航员工为主体，思考和制定日航哲学，所以我没有正式进入工作小组，而是以观察员的身份参与。当然，责任还是很大的。为此，在一开始，我就对制定日航哲学的目的和日程计划做了说明。

一般所谓"philosophy"，是指"哲学"。但稻盛先生所说的"philosophy"这个词有其独特的含义和价值观。早先，稻盛先生年轻时，在夜以继日、全身心投入研究的过程中，他就意识到，心态不同，会导致研究结果的不同。他将这一发现记录在自己的笔记本上。据说这就是他的 philosophy 的原型。

此外，稻盛先生最早在松风工业工作的时候，曾经对某位了不起的人物谈起过有关人生和经营的话题，对方十分感动，对他说，"你有自己的 philosophy"。这是稻盛先生第一次听到 philosophy 这个词，此后，他就将自己关于人生和工作的思维方式称为 philosophy，也就是"哲学"。

对于稻盛先生所讲的"哲学"的特别含义，日航的干部们开始时是不了解的。所以最初阶段，意见不一致也很正常。尽管如此，我还是提出，"以稻盛先生的哲学为基础，在年内制定日航哲学，内容控制在四五十条"。此外，"日航哲学制定完成后，仅仅将其制作成册，放在办公桌抽屉，或者放在家里，就没有意义。所以我希望能像京瓷哲学那样，将其制作成可以随身携带，在工作中能随时取出参阅的手册"。"我希望把日航哲学手册分发给集团的所有员工，从明年开始推进哲学教育。"

对于这些从接受领导人教育的学员中精挑细选出来的人员，我一度很期待他们能够理解我的提议，但开始的时候，还是反对意见占大多数。"稻盛先生的哲学是针对制造业的，对于我们这种服务业并不合适。""如果想让员工随身携带的话，那挑选最重要的 5 项左右，制作成卡片发给员工不就行了吗？"诸如此类的反对意见接连不断。

后来我问了他们才知道，日航在几年前，为了打破部门间的隔阂，提高一体感，制作了一本登载了员工心声等内容的手册，名为《开放吧，日航》，分发给了全体员工。但是，其精神并没有在员工中渗透，所以他们不希望重蹈覆辙。

当时我以京瓷为例做了很多细致的说明，但大家还是难以接受。那时，我想起了盛和塾某位塾生说过的话："我们公司也费了很大的劲儿制定企业哲学，我拼命在企业内部渗透哲学，结果公司的氛围发生了无法想象的变化，哲学真是神奇的语言哪。"于是我请求大家，"大家说的理由我都理解。但是，哲学是神奇的语言。大家可以以京瓷哲学为参考，但不能照搬，而要做出具有日航特点的东西，这样，日航的文化一定能改变"。话说到这份儿上，大家总算表示了认可。

但是，时间不够也是一个事实。我说，"京瓷哲学有78条，为了全部写入手册，对各条目的字数做了限定。但如此缜密的作业现在做不了，所以，字数可以不调整，而且排版上留些空白也可以。要尽可能地加入日航自身的案例和独有的表达方式，要制作出让员工感到亲切、容易接受的东西"。

只要内心认可，干起来就很快，这或许就是日航的特点。工作小组的成员全部是干部，他们尽管每天都很忙碌，但仍然拼命学习京瓷哲学。就连周末，他们也埋头于制定日航哲学的工作之中。

终于形成了一个类似草案的文本，我原以为这下就能顺利推进了，但工作小组的成员表示了种种担心，"有些内容我们自己觉得很好，但员工可能接受不了""有些内容我们能理解，但估计员工理解不了""还是算了吧，还是不做为好"，等等。我觉得制定哲学的人都信心不足的话，哲学就无法渗透，所以我提出方案："那我们就找100名左右的年轻员工进行访谈，听听他们的意见。"

如果年轻员工的反馈不好，"制定日航哲学这项工作"就搁浅了，从这个意义上说，这是一次压力不小的赌博。但从以往与员工的交谈中，我感觉到越是年轻单纯的员工，越容易接受日航哲学，我坚信这一点。

意识改革团队的成员们马上分头实施访谈。结果，绝大多数反馈都是肯定意见，"虽然写的都是理所当然的事，但就是因为没做到，日航才破产的。我们希望有这样的东西"，等等。听到这样的反馈，团队的成员总算放下心来，制定日航哲学的工作继续推进。

但是，最终文本迟迟不能敲定，最后我也加入了，和意识改革团队的成员一起，帮忙修改和整理文字，总算按计划在 11 月完成了包含 40 条内容的日航哲学最终稿。

◉ 日航哲学的结构

在制定日航哲学时，当初没有时间思考文本的整体结构。在确定了日航哲学有 40 条后，我和意识改革团队的成员才一起考虑这个结构问题，最终确定为下面这个文本。下面对其背景进行说明。

第一部分　为了度过美好的人生

第1章　成功的方程式（人生·工作的方程式）

　　人生·工作的结果＝思维方式×热情×能力

第2章　具备正确的思维方式

　　以"作为人，何谓正确？"进行判断

　　拥有美好的心灵

　　拥有谦虚、坦诚之心

　　保持开朗、积极向上的态度

　　小善乃大恶，大善似无情

　　在相扑台的中央发力

　　要把事情简单化

　　事物本身兼具两面性

第3章　怀抱热情，踏实努力，持之以恒

　　认真、拼命地投入工作

　　踏实努力，持续积累

　　工作时要"有意注意"

　　自我燃烧

　　追求完美

第4章　能力必定会提高

　　能力必定会提高

第二部分　为了创建一个崭新的日航

第4章　燃起团队的斗志

    怀有强烈而持久的愿望

    不成功不罢休

    有言实行

    具备真正的勇气

第5章　不断创新

    今天胜于昨天，明天胜过今天

    乐观构思、悲观计划、乐观实行

    思考到"看见结果"为止

    决策果断、行动迅速

    勇于挑战

    树立高目标

（摘自日航官网）

　　日航哲学整体上由两个部分构成，第一部分是"为了度过美好的人生"。第二部分是"为了创建一个崭新的日航"。理由很简单，稻盛先生经常说，学习哲学绝不是为了提升公司业绩，而是为了让员工度过美好的人生。能够度过美好人生的优秀的员工增加了，企业自然就会变得优秀。所以，我们把第一部分定为"为了度过美好的人生"。

　　第一部分"为了度过美好的人生"的第 1 章，就放入了前面详细讲述过的"成功方程式（人生·工作的方程式)"。此后的各章就是对成功方程式的各个要素进行说明。具体而言，第 2 章讲的是"具备正确的思维方式"，第 3 章讲的是"怀抱热情，踏实努力，持之以恒"，第 4 章讲的是"能力必定会提高"。最为重要的"思维方式"占用了 8 个条目，"热情"占用了 5 个条目，"能力"占用了 1 个条目。这是为了让众多的员工可以按照这个重要性的顺序，来理解度过美好人生所必需的哲学。

　　第二部分"为了创建一个崭新的日航"中加入了具体案例，尽可能让员工容易理解。

　　过去日航有一个很大的问题，就是当评论家和旁观者的人很多，而认为自己也是日航重要的一员，自己也要负经营责任的人很少。所以，第1章就是"每个人都是日航"，告诉大家，全员具备当事者意识的必要性。

第2章是"提高核算意识"。这是因为考虑到，当全员都具备了当事者意识以后，接下来就要拥有核算意识和经营者意识。

第3章是"齐心协力"。这是因为即使每个员工都具有了当事者意识，但如果日航整体仍然各自为政的话就没有意义。必须让大家具备作为组织的一体感，理解齐心协力的必要性。

做到齐心协力后，接下来就要成为燃烧般的团队，这就是第4章"燃起团队的斗志"。

但是，并非只要硬拼蛮干就行了。所以还有最后第5章的"不断创新"。在这一章的最后，加上了"勇于挑战"和"树立高目标"，强调了不安于现状的重要性。

无论哪一条，讲的都是理所当然的事情，都是大家认为"应该这样做"的事情，在此基础上，加上故事，就可以让大家更容易理解了。

日航哲学的原稿完成后，我立刻拿去向稻盛先生汇报。由于是赶时间做出来的东西，所以每个条目的字数差别较大，不像京瓷哲学那样整理得很整齐，但是其中包含了日航员工的真心，所以我觉得稻盛先生一定会理解的。虽然我这样安慰自己，但心里还是惴惴不安。

稻盛先生非常仔细地看过后对我说："做得很好，这样就可以了。"我当时真是如释重负，那种感觉至今难忘。

◉ 制定全新的经营理念

为了提升员工一体感，最重要的事情就是，确定企业经营的根本即经营理念。稻盛先生刚就任会长时就明言，日航的经营目的是"追求全体员工物质和精神两方面的幸福"。所以，我们决定以此为基础制定经营理念，但是这件事情的进展非常缓慢。

2010年12月，日航发布了新的经营体制，我被任命为专务执行董事。我的职责是：董事长助理、教育、经营理念、意识改革，并负责意识改革推进部。也就是说，制定企业的经营理念是我作为专务董事的工作。在筹划制定日航哲学时，本来就计划同时修改经营理念，与日航哲学一起发布。这样的话，作为专务董事，我就必须提出制定全新经营理念的方案，在年内提交给董事会，要求获得通过。

由于时间紧迫，我在与稻盛先生协商之后，制定了草案。快到 12 月底的时候，我将其交给了大西社长，稍加修正后，得到了大西社长的认可，经营理念确定为以下内容。

日航集团追求全体员工物质和精神两方面的幸福
❖为旅客提供最好的服务
❖提高企业自身价值，为社会的进步发展做贡献

实际上，新的经营理念之所以迟迟未能确定，是有理由的。稻盛先生在日航提出，"经营的目的是追求全体员工物质和精神两方面的幸福"，大家都能

理解这是为了鼓舞员工的士气。但是，如果将其作为经营理念正式发布，有人就会担心"日航的重建，是建立在很多金融机构和股东付出心血和协作的基础之上的。如果仅仅强调追求员工的幸福，就有可能被批判为企业的自我中心主义"。所以，新的经营理念的制定难以进展。

大西社长等人似乎也对此心存顾虑，于是，我就将稻盛先生的教导现学现卖，"如果企业努力追求员工的幸福，员工就会真正将其视为自己的企业，就会拼命努力让它变得更好。资本主义社会将实现股东价值最大化视为企业的目的。但如果员工工作愉快，达成高业绩，结果就是股东价值的提升。如果不能让员工幸福，企业就不可能顺利发展。所以，这样的文字表达没有任何问题"。听了这样的解释，他们也表示了理解，于是就形成了前面所讲的经营理念。

其他干部好像也有同样的担心，在我和大西社长商定以后，清算管理人又提出了异议。于是我对他们也做了同样的说明，说服他们。所以为了不产生误解，我们特地在经营理念后面加上了两条注释。

在 2010 年 12 月的董事会上，这个全新的经营理念和日航哲学一起提交。日航哲学被逐条朗读后，得到了全员的理解，被正式通过。但是，还是有人对经营理念提出意见："把追求员工的幸福放在了第一位，可能会受到媒体的围攻。现在日航重建刚刚起步，会不会有危险？"

这时，稻盛先生说："这是我经营哲学的根本，也是我不可动摇的信念。员工不幸福，企业就不可能顺利发展。京瓷在所谓'资本主义社会的麦加'（伊斯兰教圣地——译者注）的纽约证交所上市，也从来没有因为这一点受到过指责。"于是一锤定音，全员都予以了认同。

这个全新的经营理念和日航哲学一起，在第二年 1 月正式发布，没有受到媒体任何的批判。

◉ 准备哲学教育

2011 年 1 月 19 日，正好是日航宣告破产一周年。这一天，全新的日航集团企业理念和日航哲学按计划正式发布。对于员工来说，这也是象征日航重生的具有纪念意义的事件。

为了赶上这一天，我们向印刷公司提出苛刻的要求，他们也按要求印刷日航哲学并制定成手册，所以在2月初我们就把手册分发给了全体员工。在每个现场，由干部们一本一本地将手册亲手交给员工，并仔细叮咛，"这是非常重要的东西，您的人生可以因此而改变"。此外，英文版和中文版也在不久后完成，分发给了国外的员工。

但是，制作哲学手册并不是目的，根本目的是利用哲学手册对全体员工实施哲学教育。为此我们开始准备工作，但到了1月底，意识改革团队的成员突然告诉我，"由于破产，闲置的设施或者已经终止合同不再租用或者已经被卖掉了，所以没有场地可以用来实施哲学教育"。正在我为此犯愁的时候，维保部门的本部长提出了建议："羽田机场里有一个堆放闲置物品的仓库，如果改造一下的话可能可以使用。"

2月初，我们冒着小雪前去查看。那是一栋旧楼，有一个很大的场地被用来堆放闲置的桌椅，如果稍加改造的话，确实可以当作教室，用来实施哲学教育。由于时间紧迫，而且没有预算。于是我们动员大家："我们相互协作，尽可能自己动手装修教室。"到了3月底，开展哲学教育的教室终于完工了，虽然说桌椅都是陈旧的且不配套，但正是这个我们自己亲手装修的教室，成了哲学教育的出发点。

这一年的3月11日发生了东日本大地震。地震、海啸，再加上其引发的核污染事故，整个日本一片慌乱。对于还在重建中的日航来说，巨大的打击已经可以预料。这时也有声音说，"现在不是进行哲学教育的时候"。但我们再次说明了哲学教育的意义，并按计划以全体员工为对象，从4月开始了"日航哲学教育"。

◉ 自己企业的文化自己做

日航哲学教育的形式是这样的，约50名员工集中在一个教室，一桌坐五六个人，全员对日航哲学进行学习和讨论。一开始我就说过，自己公司的文化自己定，这是基本原则，所以一切都由我们自己来做。但是，3万多名员工的哲学教育要由意识改革团队的 5 名成员完成，从体力和精力上来说，是不可能的。于是，意识改革团队的成员开动脑筋，让日航集团旗下的各企业、各本部提供了总计 10 名工作人员。

虽然有 1 年时间，但他们要负责流程设计和教材的编制，并实际承担哲学教育的推进工作。从各个不同的部门调来的人员，集合到了一起，而且是第一次知道日航哲学，有人甚至没有在大家面前讲过话，但好在他们对意识改革和日航哲学的重要性的理解非常迅速。

当初他们提出，"我们都是外行，又没有时间，所以希望直接使用京瓷的哲学教材"。虽然这么做可能是最简单、最可靠的，但是我对他们说："希望大家仔细思考一下，如果使用京瓷的哲学教材，日航的员工们会有什么感觉？"用稻盛先生的演讲视频也是一样。"如果简单地把京瓷的资料或稻盛先生的视频拿到日航来用，哲学教育的形式或许可以搞起来。但是，日航的员工们会真正心动吗？与其如此，不如由日航员工自己花费心血做视频资料，这样更容易让大家接受。在日航的各个工作现场，有很多优秀的员工，他们平时也在践行日航哲学所倡导的内容。所以，希望大家尽可能运用日航工作现场的案例，制作出能让广大日航员工理解和感动的教材。"

这是一个难度很高的工作，需要付出艰苦的努力。但他们欣然接受了这个挑战。由自己来制定日航全新的文化，这种使命感促使他们拼命学习哲学，每天工作到很晚，编制教学流程，制作教学视频。最后，他们向我汇报，"终于做好了"。

但是，最初做的东西，不管是流程设计还是视频资料，都达不到我要求的水准。于是我说，"完全不行，麻烦重做"。他们垂头丧气地回去了，几天后又交给我修正过的东西。这个过程不断重复。最后，能让日航广大员工真正理解和感动的视频教材终于制作成功了。

接下来，他们开始实际承担日航哲学教育的推进工作。参训员工看到他们精心制定的流程、精心制作的视频，受到很大触动，听课非常认真。

● 让非正式员工感受到"自己也是日航的一员"

这个哲学教育的目的是提高日航员工的意识，形成一体感。在我看来，日航员工完全没有正式员工和非正式员工的区别。如果在同一个企业里朝着同一个目标努力，那么接受同样的教育，共同学习，是理所当然的。

实际上，在机场等工作现场，有很多日航集团各公司的合同工和派遣员工，以及协作企业的员工在工作，他们和日航的正式员工同样努力。同时，从客户的角度来看，只要穿着日航制服，就是日航员工。不能说"因为她是关联公司的派遣员工，所以服务态度不好也没办法"。

因此我认为，不管雇佣形式如何，在日航集团工作的所有员工都应该是哲学教育的对象。

但过去的日航却并非如此。在破产之前，公司举办的各种员工教育的对象只限于正式员工，而把非正式员工仅仅看成劳动力，把他们视作削减成本的对象，而非教育的对象。但是，如果公司只出钱培养正式员工的话，同样在现场努力的非正式员工的士气、职场的一体感都无法提升。

当初我提出这个想法时，意识改革团队的成员似乎吃了一惊。我想他们理解我提案的理由，但要改变过去一贯的做法，他们还有抵触情绪。如果以"作为人，何谓正确？"为判断基准的话，让非正式员工和正式员工一起接受哲学教育是理所当然的事，这一点他们最终也都认同了。

但是，对于协作企业的员工，他们就认为行不通。他们说："大田先生，这是乱来，违反劳动法，所以不行。"他们认为，因为缔结了业务委托合同，所以日航不能违背合同条款随便指挥他们，或改变他们的工作内容。那样做是违法的。

实际上，在地区机场担任值机和地勤等工作的员工，很多都来自当地的公交公司等，他们也穿着日航的制服和其他人一起工作。所以，我认为这些员工也应该接受哲学教育。如果他们不参与，就意味着日航一线的员工们的意识和一体感无法提升，值机柜台也好，地勤也好，也就无法提高服务品质。

我坚持，"应该有办法的"。他们告诉我，如果得到协作公司社长认可的话，说不定可以。于是，我们向各个协作公司的社长发出了请求的信件，直接写上了"希望贵公司派到我公司的员工能和日航正式员工一样接受哲学教育，请您支持。教育的内容是稻盛先生的哲学，即'作为人，何谓正确？'"。虽然花了一些时间，但还是得到了对方的认同，最终协作公司的员工得以和日航正式员工一起参加哲学教育。

◉ 打破部门和职位的藩篱

如前所述，为了提高整个日航的一体感，我们制定了日航哲学，开始了哲学教育。如果按照原来的方法，即以部门为单位进行的话，部门间的隔阂就无法被打破。因此，对于来自航运、空乘、机场、维修、地勤、销售、间接部门等不同部门的员工，我打算一视同仁。甚至要超越关联企业的界限，让公司各部门员工一起学习。

各关联公司和各本部的负责人都接受过领导人教育，再加上很多人是制定日航哲学的工作小组的成员，所以当我提出上述主张的时候，他们非常理解这样做的重要性，所以虽然这种做法是初次尝试，但是大家当即就表示同意。

秉持同样的宗旨，不管是新员工还是董事，都可以在同一个教室内接受同样的哲学教育，与职位高低无关。虽说一般认为按职位高低区分教育对象会更有效率，但我认为那是已经具备了一体感的公司所做的事情。如果不去引导的话，各职位间就很容易形成隔阂，因这种隔阂而导致公司四分五裂的案例很常见。

在哲学这个最基本的价值观面前，不管是新员工还是干部，大家都是平等的。比如说，在日航哲学里的"以'作为人，何谓正确？'进行判断""拥有美好的心灵""拥有谦虚、坦诚之心"等内容，讲的都是作为人应有的姿态，而与职位高低无关。所以我认为重要的是大家要在一起学习。

就这样，2011 年 4 月，日航哲学教育开始了。在大家自己动手装修的教室里，利用自己找来的桌椅，以自己参与制定的日航哲学手册和视频为教材，按照自己设计的流程，由公司自己的员工来推进。

最早听课的员工似乎都很惊讶，他们进入教室时，发现在场的都是不认识的，工种、部门和职位都完全不同。所以他们一开始担心与坐在同一桌的员工没有共同话题。实际上，开始的时候气氛确实比较拘谨。虽然大家来自不同的部门，雇佣形式和职位也各不相同，但还是找到了共同语言，就是日航哲学。虽然每次学习会的主题都不同，但因为有了日航哲学这一共同话题，所以大家慢慢活跃地交流了起来。

很多普通员工通过这个场合才第一次跟高管交流。看起来很难接近、很了不起的高管，也同样会烦恼，和他们一起学习正确的做人道理，就这样彼此拉近了距离，产生了亲切感。另外，干部们也很惊讶，他们感受到新员工和非正式员工都秉持着坚定的人生观、价值观。

还有很多人是进入日航以来第一次和其他部门的人说话。例如，飞行员和航空乘务员，在学习会上，第一次见到维修或销售部门的人，于是有了很多新的感触。航空乘务员以前认为，飞机之所以经常发生故障，是因为维修人员工作不到位。而维修人员则认为，航空乘务员对于机内设备的不当操作才是故障的原因。他们总是互相责备。

当他们直接面对面交流后，才实际感受到，看上去很潇洒的航空乘务员，要从清早到深夜进行轮班，在辛苦的工作中还要保持微笑。而维修人员为了在规定时间内完成维护保养工作，每天都是满身油污和汗水，拼命努力。航空乘务员从销售人员那里了解到了乘客的真实想法，在航空乘务员看来对服务比较满意的商务人士其实内心是有意见的。以前他们是不知道这些的。

实施哲学教育后发生最大变化的，可能是第一次享受到和正式员工同样待遇的派遣员工、合同制员工以及协作企业的员工。一直以来，不管他们怎样努力，都得不到和正式员工同样的待遇。第一次与正式员工在同一个教室里接受哲学教育，看到日航哲学中"每个人都是日航"这句话时，他们就坚信"自己也是日航的重要一员，自己也要和大家一起为日航重建而努力"。所以，他们都满怀信心与热情地工作。

越来越多的员工在日常对话中会提到，"哲学教育振奋了精神，下次什么时候上课呢"。

一直以来，日航在部门之间和上下级之间，总是有无法跨越的藩篱，这也是工会问题产生的一个原因。虽然每年只有 4 次学习会，但不同部门、不同职位的参加者坐在同一桌，共同思考和探讨作为人应有的姿态、日航应该瞄准的方向等话题，在这个过程中，"自然而然地产生了伙伴意识和一体感"。

之前没见过面，因为不了解而相互指责的人，知道了对方和自己有同样的烦恼，同样会遇到各种困难就自然而然地产生相互帮助、相互协作的想法。

● 离得越远的员工越要关心

我在推进意识改革时特别在意的，就是要努力提高奋战在一线的员工们的士气。例如，他们是否绞尽脑汁，努力将原来需要花费 1 小时的工作用 59 分钟来完成，或是竭尽全力降低了哪怕 1 日元的费用，或是为了乘客满意而每天不断创新。能不能做到这些，将在很大程度上影响日航的业绩和口碑。

话虽这么说，我估计哪家公司都一样，干部们总是更在意总部对他们的评价。在航空公司，飞行员和航空乘务员总是更引人注目，往往会得到优先照顾。但是，如果这样的话，那些默默无闻的、每天奋战在第一线的、真正支撑着日航的员工的士气和热情就无法提升。

所以我经常对大家说："应该更加关注那些目光难以到达的、离总部较远的一线员工，否则日航就不可能成功重建。"所以，我让一线员工和大家一起参加哲学教育，在教材的视频中，也尽量使用活跃在一线的员工的案例，在公司内刊上也尽可能多地介绍在维保部门和机场等一线努力工作的员工。

在新举办的"日航哲学体验发表会"上，以及"日航奖"这一表彰制度中，对于那些在一线默默无闻努力工作的员工，我也想了很多办法，尽可能提高他们的干劲儿。

在日航破产之前，一线员工对公司的忠诚度很低。很多人会脱口而出，"虽然喜欢航空业，但是讨厌日航"。而现在，很多一线员工的士气都提升了，"自己的企业必须靠自己搞好"，他们怀抱使命感，真心实意，努力工作。

◉ 持续改革才能体现经营层的决心

我心中也有不安。让我感到不安的是一线员工对于经营层的冷漠目光。以前，经营层发表了新方针，员工感到欢欣鼓舞，但不久经营层自己失去了热情，或者又另外提出完全不同的方针。这样，员工对于经营层的认真程度不免生疑。而且经营层总是从外部找依据，比如因为竞争对手又有了某些新举措等，为随意变更方针寻找借口。

意识改革一直是一个很大的课题，以前也搞过，也采取过许多对策，但总是依赖他人，缺乏一贯性。所以，在我负责这项工作时，很多员工都持观望态度。

经营层搞意识改革是动真格的，我认为，这种坚定的决心和强烈的意志必须传递给员工。为此，必须基于首尾一贯的方针，不断推出新措施。要向员工显示决心，让他们觉得必须跟上变化。因此，从意识改革一启动，我就不断推出新举措。例如，让稻盛先生给全体员工写公开信，实施领导人教育，把稻盛先生的名言制成标语张贴到各个部门，更新内刊并制作日航哲学特辑，在公司内网登载稻盛先生的名言，制定日航哲学，改变日航的经营理念，向全员颁发哲学手册，设置哲学教育专用的教室，开展面向全员的哲学教育，从总部开始展开哲学教育，举办哲学体验发表会，创立"日航奖"等。

这样连续不断地推出新举措后，普通员工也感觉到"这次的意识改革是来真的，我们自己也得拼命努力才行"。实际上，很多员工也像我们一样，认真地投身于意识改革。

◉ 制度要符合哲学

还有一件事情我觉得也很重要。那就是，虽然制定了日航哲学，开始了哲学教育，但如果公司制度和哲学相抵触，大家就会觉得矛盾。不解决这个问题，大家就不会相信哲学。特别是在人事制度中，如果延用老制度考核员工，哲学就不可能渗透。

经过调查我们发现，日航的人事制度几乎还是半官半民时代的东西。在这种制度中，综合职位（日本企业中承担企业主要业务的岗位、需要综合判断的岗位。——译者注）的员工很容易获得较高评价，如果继续使用这种片面的评价制度，就无法实现真正的全员参与的经营，也无法实现哲学中"贯彻实力主义"的原则。于是，我反复与人事部门沟通。因为过去的人事制度是日航文化的支柱，所以他们强烈抵制，回答是"这个做不到""再让我考虑一下""希望暂缓"。但是通过不断努力沟通，我最终得到了他们的理解，下定决心对人事制度进行改革。

这也是一个鼓舞人心的信号，表明日航将改变企业风气，推进哲学的渗透。

◎ 分部门的哲学教育

希望通过前面讲到的哲学教育等活动，提升全体员工的意识和一体感。这样的日航哲学教育每年只有 4 次，因为对于仅有 5 人的意识改革团队来说，这已经是极限了。要让日航重建成功，必须靠一线员工，哲学渗透的关键在于一线，所以我认为，重要的是要把一线员工带入哲学渗透的活动中来。

于是，在日航哲学制定完成之后、全公司哲学教育开始之前，我特地与日航的各个本部长、各关联公司的总经理一一见面，要求他们自主推进自己部门的哲学教育。

他们都纷纷积极表态，"大田先生，交给我们好了。我们很清楚哲学的重要性，而且日航哲学又是我们自己制定的，我们一定会竭尽全力在自己的部门渗透哲学"。

此后，各本部和关联公司，以及员工数量很多的机场等一线部门，开始了各具特色的哲学渗透活动。在几乎所有的部门里，干部发挥领导力，而且配备专人，思考如何能在日常工作中以大家喜闻乐见的方式，让大家自然地学习哲学，并努力贯彻，让哲学得以渗透。我切身感受到了日航干部和员工们丰富的想象力和认真执着的精神。这毫无疑问地为一线的哲学渗透带来了最好的效果。

但是，在哲学渗透方面，如果总部和关联公司之间差距太大就会出现问题。总部和关联公司相互之间也需要取长补短。所以，我们成立了"全公司日航哲学委员会"，社长兼任委员长，我担任副委员长，每年举办4次活动。这个委员会后来甚至成了各本部长竞相发表哲学渗透方案的舞台，成了整个公司意识改革的推进机构。

◉ 重视速度

我在一开始就讲过，稻盛先生曾公开表示，"日航重建将在 3 年内完成"。这也是与日本政府的约定，所以意识改革也必须在 3 年内取得成果。因此，我们一开始就非常注重各种举措按计划推进。

速度优先的结果，可能也造成了哲学教育的课程编排和日航哲学的内容不够完善。但是，我反复向日航干部们强调"言出必行非常重要"，"承诺要绝对遵守"，要求他们绝对要按照他们自己制定的意识改革计划来推进工作。

我认为，人的意识的改变并非时间越长越有效，一气呵成更能取得成效。我觉得正是因为一开始就确定了无法变更的 3 年期限，所以大家才被激发出了超乎想象的力量，想出了各种各样的点子。开展一项新事业，要确定期限，重视推进速度。这也是我通过此事意识到的另外一个重点。

◉ 年轻员工掀起举办自主学习会的风潮

日航的员工们朴实诚恳，他们为哲学的魅力所倾倒。想要进一步学习、掌握哲学的人不断涌现，在各种职场环境中这些人都成为积极分子，在上司的协助下，带动其他同事，利用下班时间或休息日，自主举办哲学学习会。

这并不是上面强制的，而是员工当主体，主动学习。这才是员工教育的理想状态啊！我没有预料到竟然会出现这样的局面，真是喜出望外。我呼吁日航的干部们尽可能给予他们支持。实际上，有好几位干部都成了自主学习会的讲师。

就这样，出现了一线员工，特别是年轻员工自主学习哲学的情况。这些自主学习会的举办，对日航的重建产生了很大的影响，这一点是确定无疑的。

随着哲学的渗透，在各个部门，从正式员工到派遣员工、合同员工和协作企业的员工，从年轻员工到干部员工，大家都开始依据哲学开展每天的工作。而且不同部门的员工由于有了哲学这一共同价值观，产生了强烈的一体感，相互协助的情况变得越来越常见。

日航的员工们说，"学会了用'作为人，何谓正确？'来判断事物这一条哲学，自己就获得了自由"。过去，要么是以操作手册为准，要么是等待上司的指令，不但花时间还很受拘束。他们都说，"学习了'作为人，何谓正确？'这一判断基准，被告知可以按此基准自行判断时，真的是很高兴"。

接受哲学教育，大家一起学习，在这个过程中，我听到员工们有了新发现，"原来大家都在努力""原来大家都是好人哪""所以大家能够一起成长"等。这样的发现进一步提升了员工们的意识和一体感。

之所以能如此这般实施领导人教育，推进全公司的哲学教育，其前提当然是稻盛先生的存在。稻盛先生是日本最成功的经营者，写过很多畅销书。日航员工之前就知道他的名字，也有很多人读过他的书。

鼎鼎大名的稻盛先生，不求任何好处，鞭策自己这把老骨头，为了重建日航，比谁都拼命。所以，从情感上来说，日航的许多员工一开始就对稻盛先生就任日航会长是满心欢喜的，是希望向他学习的。

与此同时，对突然从外部来的新的领导人抱有戒心，这也是人之常情。特别是在骄傲自满的日航干部之中存在着不愿意认可稻盛先生的情绪。

消除大家内心里最初的违和感和警戒心，确实花了一点时间。但这些负面因素一旦消除，大家就彻底成了稻盛先生的粉丝，形成了一个以稻盛先生为核心的燃烧的团队，团结一致，朝着重建目标努力奋斗。正是稻盛先生这个领导人的存在，才有了推进意识改革并取得成功的原动力。

第 七 章

用哲学和数字实现
全员参与的经营

一开头我就讲过，来到日航后，让我最为吃惊的事情之一，就是在领导人会议等场合，几乎不讨论经营数字。每个月的经营实绩要到两三个月后才能出来，而且对于这种情况，谁都不觉得有什么问题。这样的话，正确的企业经营就无从开展。

稻盛先生一就任会长，就立刻要求尽快拿出每个部门的月度经营实绩。此外，由于航空公司的收益来自航班，所以稻盛先生指示，要构筑一套分航线、分航班核算，能够实时了解其损益的机制。当然，接下来就是阿米巴经营的导入了。

我想对这个阿米巴经营做一些说明。阿米巴经营的目的是实现全员参与的经营。因此需要把组织尽可能划小，将组织运营交给这些小组织的领导人。同时，将经营数字公开，而且要构筑实时了解数字的机制。这样的话，各阿米巴的领导人就能担负起经营责任，团队成员也能看着每天的数字实绩，以"销售最大化，费用最小化"为目标，不断钻研创新。这样就能实现全员参与的经营。

如果轻易地把经营委托给年轻员工，会不会出现问题呢？阿米巴之间会不会互相拉后腿，导致恶性竞争呢？难免产生种种担忧。为了防止出现这样的局面，导入阿米巴经营的前提，就是必须在全体员工中渗透哲学，并让全员理解"会计七原则"。稻盛先生就想把这样的阿米巴经营导入到日航。

◉ 举办业绩报告会：用哲学和数字经营

虽然稻盛先生想尽快导入阿米巴经营，但他也知道，对于日航这种规模的企业来说，构筑阿米巴经营所必需的信息系统需要花费很长的时间。于是，为了让尽可能多的干部拥有经营者意识，尽快推进全员参与的经营，我们决定以各本部和关联公司的月度利润表为基础，每月召开业绩报告会，让大家发表各自的业绩结果和预定目标。之所以这么做，是希望尽快开始，哪怕只导入分部门的核算制度。

虽然最初的业绩报告会在 5 月就召开了，但上个月的实绩数字出不来。直到 2010 年 7 月，才召开了真正意义上的业绩报告会。大部分参加业绩报告会的成员，在之前的 6 月都参加了领导人教育，学习了领导人应有的姿态、经营企业应有的姿态。所以这次业绩报告会也成了大家发表学习成果、接受指导的机会。

一开始，按照稻盛先生的指示，这个业绩报告会要持续 3 天，非常艰苦。会议资料印在 A3 纸上，纵向排列了 70 多个科目，横向排列着年度计划、实绩、预定目标等项目，密密麻麻地布满了详细的数字，资料整体多达六七十页。以这个资料为依据，从早到晚，会议持续了 3 天。

◉ 一切工作都要有意义

业绩报告会使用的核算表的格式，花了 1 年才完成。最初的格式是以利润表为基础的，科目及其顺序比较难懂。所以，稻盛先生经常会指示，"下个月请把这个科目的顺序改一下"。"这个科目的名称需要再讨论一下"。每个月都有改进。

我们向稻盛先生询问理由，稻盛先生回答说，"如果按照这个顺序的话，不利于提升员工士气。如果用这个科目名称的话，员工不容易搞懂"。尽管有这样那样的理由，但变更实在太频繁了，我们忍不住再次询问。稻盛先生回答说，"上个月觉得这样做最好，但这个月觉得还是要改。可能大家觉得频繁变更会有问题，但希望大家将其理解成是进化，一定要做到完美"。

"核算表的格式并不是经营者看起来方便就行，必须让员工看到后能鼓起干劲。"

"如果说因为其他公司一般也这么做，所以我们也这么做的话，那就没有任何意义。必须深入思考为什么要做成这种格式。既要思考科目名称和科目项下的数字呈现方式又要顾及到员工看到数字变化后会怎么想。"

"见到核算表就能看到自己努力的成果以数字的形式呈现出来，不管这个数字好不好，都要能让员工产生下个月必须更努力的想法。希望大家彻底思考，让核算表成为能够激发员工干劲儿的东西。"

"如果对员工的心理不能了如指掌的话，就无法做出核算表的理想格式。"

"名称也好，顺序也好，所有的一切都必须有意义。如果要决定某些新的事项，就要明确它包含的意义，并能进行说明，让大家能够理解。"诸如此类，稻盛先生给出了很多指导。

一般而言，总部人员制作的资料，都倾向于沿袭前例，尽可能让社长和干部们容易理解。但这是不对的。"这个名称、这个顺序，到底有着怎样的意义，一线员工看到了会怎么想？"稻盛先生认为这些内容很重要。我认为，稻盛先生讲得很对。

常言道，"细节里面有神灵"，核算表的格式也是一样的。不管经营数字怎么公开，如果现场员工不关心，就等于是"暴殄天物"，没有任何意义。所以，如果无法看透在现场拼命工作的员工们内心的细微变化，就无法制作出引起员工浓厚兴趣的、活的核算表，这就是稻盛先生的思维方式。我觉得，这就是分部门核算制度和阿米巴经营的原点，换句话说，也是全员参与经营的基础。

◉ 用数字和现场意识培养领导人

看到核算表，对于没有达成预定目标的科目，稻盛先生当然会问理由，但对于超额达成的科目，稻盛先生也会问原因。而且，稻盛先生随时能够看出核算表中数字的异常，经常会问："为什么这个数字会这样？"他的问题很尖锐，即使问的是细节问题，实际上也在追问本质。一开始的时候，谁都回答不了稻盛先生的问题，都会说，"我让经办人回答"。但稻盛先生说，"这绝对不行，你们必须自己回答"。不管多细微的数字变化，领导人都必须完全理解。

例如，稻盛先生曾经问过："水费上涨的原因是什么？"对方回答不上来，于是说，"这个不太清楚，我马上调查"，结果发现某处的水管坏了。所有的事情都这样去追问，比如差旅费减少了，消耗品费用增加了，稻盛先生就追问为什么会这样。经过调查发现原来都是现场的某些问题导致的。经过这样的训练，干部们愿意也好，不愿意也好，他们都会去关注数字和现场。

接受稻盛先生直接指导的本部长和关联公司的社长们，都学到了一点，就是不管有什么理由，都必须100%达成预定目标。所以，不管多么微小的数字变化，都要彻底调查其原因，思考对策。就这样，对数字敏感、对现场情况了如指掌的领导人就被培养起来了。

◉ 分解公共费用和固定费用

我自己也学到一点关于公共费用的思维方式。恐怕任何一家企业都有将多种小额费用合并成杂费，并计入财务报表的做法。这样做的话，即便金额变大，员工也会觉得理所当然，就不会去仔细确认其内容。

看到这样的杂费，稻盛先生质问："这到底是什么？"对方回答，"是各种小额费用的总和"。稻盛先生指示说，"如果这样的话就没法削减浪费，杂费要尽可能进行分解"。就是说，要经常确认杂费中是否有可以削减的部分。

固定费用也是一样。一般认为，"固定费用没法削减"，就到此为止了。但如果改变一下思维方式，固定费用也可以看成变动费用的集合，这就是稻盛先生的思路。例如，即便是各种税费，如果将其与相应的税法一一对照，就有可能发现更合适的适用税率而减少税费。所以稻盛先生说，"固定费用也要尽可能进行分解"。

这样做的话，科目就会不断增加，但重要的是员工怎么想。稻盛先生说，如果将公共费用、固定费用合并起来的话，就无法看清明细，就不会产生"想方设法去削减的动力"。

有时候，稻盛先生也会说："部门的领导人不了解自己部门垃圾箱里有什么东西是不行的。看到员工扔了什么东西，就会知道有什么浪费。必须细心到这种程度，不放过任何浪费。"按照这种思路，就能让全体员工对所有费用进行再次确认，结果就能实现以前无法实现的费用削减。

稻盛先生对个别部门进行过严厉的批评，他对大家说，"我提醒某个人的时候，希望大家设身处地，当成是对自己的提醒，这样的话，参加会议的人都能成长为领导人"。他还经常说，"当有的部门遇到问题，感到为难的时候，希望大家作为伙伴能相互帮助，而不是独善其身，希望大家成为具有大局观的领导人"。这样，业绩报告会不仅仅是确认数字的会议，同时也是培养领导人的会议。

尽管业绩报告会常常开到很晚，但稻盛先生还是会把又厚又沉的会议资料带回宾馆。恐怕他回到宾馆后还在确认资料上的数字吧。稻盛先生经常说，需要注意的数字会映入眼帘。我想这一定是因为他在其他人不关注的细节上都付出了不亚于任何人的努力。正是这种他人看不见的拼命努力最终改变了日航。

阿米巴经营的导入，是在业绩报告会开始后的第二年。从主要的部门开始导入，直到 5 年后，才完成了日航整体的导入。各部门的领导人通过业绩报告会理解了全员参与经营的重要性，正确运用新导入的阿米巴经营，为维持日航的高收益体制做出了巨大的贡献。

◉ 会议就是教育现场

日航不仅有业绩报告会，还有经营会议等各种会议。因为日航原来是半官半民的企业，所以有官僚主义作风，这在会议的推进方式上也能体现出来。特别是会长、社长参加的重要会议，相关事务人员在会前打好招呼，事先得到领导和关键人物的同意，这成了会议召开的前提，所以会上谁都不能发表不同意见，即便发表了也会被立刻否定。结果，会议就能按照预定时间推进，这甚至成了事务人员展示自己能力的场合。

但这在民营企业里根本行不通，这么做也无法实现全员参与的经营。对由事务人员完全掌控的会议运营方式，对事前沟通、打好招呼的方式，稻盛先生都指示叫停，改为在会议上彻底讨论，并得出结论的方式。这样一来，有时会议就无法推进了。事务人员催促大家尽快得出结论，但稻盛先生提醒说："这不行，因为这是非常重要的问题，所以即使花时间也要深入讨论。"

如果想要实现全员参与的经营，就必须先在干部会议上实行，全体干部都要参与讨论，集思广益。让干部们参加不能发表意见的会议是没意义的。通过种种努力，我们终于让全员参与经营的风气开始在日航扎根。在这个过程中，讨论的内容过于粗糙时，稻盛先生就会中断会议，给大家讲授经营者或领导人应有的姿态，督促领导人振奋起来。

这种新形式的会议在开始的时候，干部们非常紧张，说话结结巴巴。但因为作为议长的稻盛先生仔细聆听参加者的发言，尊重他们，所以在不知不觉中，围绕各自的课题，大家都积极发表意见，认真参与讨论。

例如，向稻盛先生直率地表达反对意见的干部也出现了，大家在会议中激烈地讨论。稻盛先生认真听取大家的意见，不断推进讨论的议题，最后得出结论。因为大家都充分参与并积极发言，再加上当场做出结论，决不拖延，所以会议的效率变得非常高。

另外，不管什么会议，每当稻盛先生发言时，出席会议的干部们都会竖起耳朵一字不差地仔细聆听，并且认真记笔记。作为会议的主持人，会议应该如何推进；意见有分歧时，应该如何总结归纳；做出最终的经营判断时，基准和背景又是什么……为了把上述内容学到手，每个人都认真做记录。

我问他们为什么，他们回答说，要正确理解从会议上学到的东西并传达给部下，所以需要一字不漏地记录下来。

稻盛先生经常说，会议就是教育的现场。这话完全正确。出席会议的干部们在自由豁达的讨论中，以工作现场中发生的实际事例为基础，向稻盛先生学习企业究竟应该怎么经营，领导人应有的姿态是什么，什么才是全员参与的经营。

JAL

第八章

日航员工的变化

　　在日航重建的过程中，不断遭遇到了各种意想不到的事情，如 2011 年 3 月的东日本大地震，波音787 飞机的蓄电池问题等。如果是以前的话，日航就会将其作为业绩低迷的借口。但现在那样的干部已经不存在了。不管环境如何变化、如何恶化，都会以各级领导人为核心，全员思考对策，群策群力，互帮互助，为达成自己定下的目标而拼命努力。其结果是，不管世界经济有多大的变化，日航始终能在航空业界保持突出的营业利润率。

　　那么，日航的工作现场到底发生了怎样的变化呢？我想在这里介绍几个案例。

◉ 营业利润必须超过 10%

　　稻盛先生一到任就说，"不管什么企业，营业利润率至少应该达到 10%"，"经营企业并不那么难，只要全员瞄准销售最大化、费用最小化，拼命努力，结果就能获得高收益"。

　　接下来，他指示说，"日航的航线将会大幅度减少，在这种情况下要增加销售额有难度，剩下的只有彻底削减费用。航空产业被认为是巨大的装备产业，但实际上是一个极致的服务业，所以不能随便减少花在客户服务方面的费用"。

关于费用削减的方法，不是仅靠自上而下的指令就能实现的，现场员工的智慧必不可少，所以需要"推进全员参与的经营"。

日航的干部们首先对营业利润率 10% 这一目标感到震惊，并产生抵触。以前日航即便盈利，也只有百分之几的利润率。而且当时燃油的价格较高，全世界的航空公司都认为，在此时能保持盈利就不错了。所以，干部们激烈反对这一目标，"稻盛先生对于航空业一无所知，所以才会那么说。像京瓷那样的制造业，或是 KDDI 那样的通信行业，高收益或许是可能的，但对日航这种航空业企业来说根本不现实"。

而且，关于削减费用，他们也有话要说。日航之前就曾彻底地削减了费用，但还是不顶用，最终破产了。所以他们说，"就像已经拧干的毛巾，又被拧了很多次，完全没有水分了，费用削减也是一样，已经没有再削减的余地了"。我认为这是他们的真心话，用他们过去一贯的方法，确实已经到极限了。

● 通过全员参与追求费用最小化

　　那么日航迄今为止是怎么削减费用的呢？就是为预算设定上限。前面说过，日航各个部门都在为获得预算相互竞争，所以无法确定每个部门费用削减的目标。因此，总部会发出指示："今年所有部门都要削减5%的费用。"但各部门会在现场加以抵制：前辈们好不容易争取来的预算，不能就这样被削减了。这样的话，总部就不得不降低目标，这样的拉锯每年都在重复。所以大家都认为成本削减已经到达了极限，所以便放弃了进一步的努力。

　　虽然如此，但也不能说大家没有在削减成本方面努力过，问题是削减的对象是什么。我们来到现场问大家："以前削减了哪些费用？"对方带着抱歉的神情回答，"因为有工会在，所以无法削减与自己相关的费用。于是先削减了用于客户服务的费用，比如机内食品等"。这样的成本削减，只会招致客户的差评，导致恶性循环。

　　还有另外一个问题，就是一线员工完全不了解自己部门的经营状况。因此，总部单方面发出指示，要求削减费用，员工却不知道为什么要削减费用。这样一来，与其去发现浪费，动脑筋削减成本，还不如保住自己的预算和既得利益。所以他们才会说费用已经无法进一步削减了。

进一步说，先前讲过的"安全禁区"成了成本削减的巨大障碍。"为了保证安全，花多少钱都是应该的"，成了惯例。特别是在维修保养业务上投入巨大，跟国外大型航空公司比较，费用几乎高出一倍。在保证安全这一名义下，成本严重膨胀。稻盛先生在视察维保部门的工作现场时，曾经严厉地指出过设备过剩、库存过剩的问题。

由于形成了这种关于费用的固有观念，所以日航的费用削减无法顺利落实。但是，参加了领导人教育、出席了业绩报告会以后，干部们逐渐发生了变化。他们从稻盛先生那里学到了会计处理的原则、领导人应有的姿态，又在业绩报告会上学到了用数字经营企业的重要性。最为重要的是，他们理解了全员参与经营的重要性。当他们回到工作现场，就开始向员工们宣讲"要具备经营者意识"。接着，公开当自己部门的业绩，知道了自己的部门处于亏损状态的事实时，"都怪其他部门"这种话就说不出口了。不仅干部如此，现场的员工们也开始主动削减费用，努力将自己的部门扭亏为盈。

至于维保部门，甚至连像我一样的外行都知道他们成本过高，所以反复向维保本部长提出："维修保养成本要减半。"一开始的时候，他不接受，很不客气地说："保证安全是我们崇高的使命，空降到这里的人不理解这一点，让我们很为难。"但是，经过领导人教育，又在业绩报告会上明白了使用高额经费，给公司带来那么大的负担，干部们就开始发动一线员工，一边听取他们的意见，一边着手削减成本。

这样一来，原以为再也无法削减的费用出现了惊人的下降。干部们终于知道了过去的费用削减方法是多么不靠谱。之后，他们站到第一线，和现场的员工们一起，努力削减成本，取得了更为意想不到的成果。

在飞行员和航空乘务员使用包车和出租车上下班的问题上也一样。一直以来，因为这种既得利益与工会问题结合在一起，所以即使上级给出削减费用的指示，工作现场也会抵触。但是经营数字公开了，自己使用了这么高的费用，当他们明白了这一点后，他们就主动提出"要尽可能使用公共交通工具"。住宿的宾馆也是一样，在破产前，大家都住当地的一流宾馆；当知道了住宿成本后，大家就开始主动提出，只要方便安全，住商务酒店已经足够了。

员工短距离外出使用轨道交通时也一样，即便有点麻烦，也是先查好最便宜的路线，再出行。另外，我们从各地的营业所长处听说，很多部下都开始主动提案，"搬到房租更便宜的地方吧"，"空调一直开着很浪费，该关就关了吧"等。

原来，谁都不愿浪费公司的资金。但之前大家听到日航经营业绩恶化的传闻，就认为这是干部们的问题，跟自己没关系，所以花钱方式还是跟以往一样。

但是，经营数字一旦公开，当知道自己部门赤字很大之后，大家都改变态度，努力节省开支，这就像一个家庭在入不敷出时，就会减少外出就餐和购物一样。日航整体费用削减的速度远远超过了预想，这是因为公开了每个部门的收支情况后，全体员工都以主人翁的姿态，认认真真削减费用，积少成多，最后才取得了超出预想的成果。

◉ 称赞一线员工的努力

这样的费用削减后来进一步得以推进，我想介绍一下形成这种局面的契机。某个机场举办了哲学体验发表会，稻盛先生和我都参加了。分享的内容是一线员工在学习日航哲学后，自发进行经营改善的案例。

有几个员工发表了成功削减数百万日元成本的案例之后，有一位值机柜台的年轻女员工站起来，介绍了自己如何想方设法，实现了每月削减 2000 日元费用的经验。这时我觉得，"削减金额也太小了吧"。但稻盛先生却不是这么想的。

稻盛先生表扬了她："像您这样的一线员工，为了节约公司的支出拼命努力，削减哪怕一分一厘的费用。这对日航来说都是最珍贵的。这样的员工越多，日航就会变得越好。"

仔细想一想，之前分享的都是以工作任务为主的费用削减事例，而她却是100%自发的，只有从心底里希望公司变得更好，才可能做到。稻盛先生觉得，一线员工这种纯粹的动机非常重要，所以予以了表扬。

稻盛先生所发出的这种信息，很快就在整个日航内扩散。以此为契机，一线员工争先恐后，更积极地削减费用。

◉ 通过全员参与实现销售最大化

在销售方面，由于航线大幅削减，日航无法实现销售额的大幅增长。但即便如此，一线人员在提高核算效益的同时，想尽办法提高销售额。我想介绍两个案例。

一个是机型的变更和临时航班的增设。

比如，在以前，虽然需求大幅度变动，但很难做到变更机型或增设临时航班。因为用什么飞机飞什么航班，早在半年前，就由航运计划决定了，谁都认为无法轻易改变。

例如，飞行员能驾驶的机型是有规定的，每位航空乘务员也不是在所有的机型中都能提供服务。机场的廊桥也根据机型的不同而不同，各种机型的维护保养人员也各不相同。航运计划是以此为基础制定的，所以大家都先入为主地认为，机型无法简单地按需变更。

如果当初计划安排的是小型飞机，坐席售完后，即使仍有很多客户要订票，也无法将其改为中型飞机，好不容易有客户来，却只能拒绝了事。

但是，破产之后，现场员工开始思考，怎样才能更好地满足客户的需求，怎样才能提高核算效益。而且，部门间的协作也非常顺畅，这是破产之前根本无法相比的。

将小型机改为中型机后，不仅满足了乘客的需求，还增加了收益。现场人员这样判断后，各相关部门都会相应做出调整，做出改变。如果知道有更多的乘机需求，就增加临时航班。这些都可以由一线员工判断，决定实施。

当然，不仅在乘客增加的时候可以灵活应变，乘客数量减少的时候也可以从中型机变更为小型机。这种现场的随机应变，不仅能提高乘客满意度，而且对销售额和利润的提高也有很大作用。

● 空中售卖也是一项业务

另一个案例就是空中售卖。乘坐飞机时，航空乘务员会推着推车进行空中售卖。在日航破产之前，空中售卖用的商品是早就定好的，航空乘务员只管将手头的商品卖出去。结果，有很多商品卖不出去，到了年底就会有很多库存。因为谁都不怎么关心盈利情况，所以结果往往是亏损。

对此情况，稻盛先生指示说："空中售卖针对的是搭乘飞机的乘客，这个业务应该可以确保利润，有必要让其作为一项业务进行独立核算"。另外，他还指示，应该由对客户需求最为了解的航空乘务员来决定销售什么商品，并决定商品价格，而且要按航班核算。

从此以后，航空乘务员开始集中开会，讨论应该卖什么，从哪里进货，定什么价格。我也曾经参加过她们的讨论会，桌上放着很多商品，大家非常认真，积极进言，充满干劲儿与活力。

因为是自己选择和确定价格的商品，航空乘务员当然会积极向乘客推销，介绍商品的优点。结果，这种做法培育了经营者意识颇高的航空乘务员，同时空中售卖的销售额大幅上升，成了一项高收益的业务。

◎ 从本本主义到贴心服务

最后，我想介绍一下在客户服务方面发生了怎样的变化。

破产之前，航空乘务员给乘客提供服务的时候，有操作规程至上主义的倾向，也曾遭到"殷勤无礼"的批评。当然，其中自有一定的理由。为每位乘客都提供平等的服务，这是最高效的。为了完美地提供这样的服务，就要将必要事项写入操作规程。所以凡事只要遵守操作规程就行了。这种文化在日航扎下了根。

但是，机舱内有很多乘客。有的乘客可能身体不好，有的乘客可能有其他困难。所以乘客的需求因人而异，仅仅依靠操作规程，无法应对所有情况。稻盛先生每次访问现场时都会说，"航空业是极致的服务行业，希望大家不只依赖操作规程，而是要努力提供贴心的服务"。

哲学教育开始后，课程中设有"拥有美好心灵""心怀感谢""从客户的角度出发"等项目。航空乘务员意识到，在参照操作规程前，就可以从"怎么做才能让客人满意"的角度出发，由自己来思考、判断，做好服务。实际上她们也做到了心贴心的服务。

我曾经受邀到航空乘务员的集会上致辞。在那里我对她们说："大家都是在难度很高的入职考试中合格后进入日航的，都很优秀。大家为什么想成为航空乘务员呢？我想这是因为大家喜欢乘客的笑容，希望从事让乘客感到愉悦的工作，请大家回想入职时候的初心。操作规程当然很重要，但更重要的是大家当初入职时纯粹的愿望。因此，你们要好好学习日航哲学，我相信大家的人生，一定会凭借为乘客提供的服务，而变得更好。"航空乘务员应该本来就怀有"希望为有困难的乘客提供帮助""希望通过更细致的服务让乘客感到高兴"的心愿。但是，在实际工作中，航空乘务员却首先会顾虑服务手册上是怎么写的，无法将自己的心愿立即付诸行动。大家以前可能一直是在这种纠结的心态下工作的吧。

所以我想给大家传递的信息是，航空乘务员只需要将自己纯粹的心愿直接付诸行动就可以了。对于我的这种意见，在场的客室本部长和其他参加者都表示了赞同，他们说，"我们想的都是一样的，您的话给了大家很大的鼓励"。

航空乘务员拿到日航哲学手册，接受哲学教育以后，登机前的准备会议出现了变化，她们会说"今天让我们一起按照哲学共同努力"，彼此鼓励践行哲学。而且，她们说，看到自己的努力给乘客带来了笑容，感到自己从乘客那里获得了能量，越发有了努力的动力。

不仅航空乘务员如此，在机场值机柜台直接接待乘客的员工，以及接听客户咨询电话的员工也是一样。我经常听到她们说，"学习了哲学，自己就能做出正确的判断。这样就能让客户高兴，工作也因此变得很有意思了"。

我到机场等工作现场后，经常会让大家把自己的哲学手册给我看，结果我发现手册上到处都是彩色标记，贴了很多标签。大家都在拼命学习，力求掌握哲学。

不直接接触乘客的飞行员、维护保养人员以及地勤人员，也都在努力学习。按照日航哲学手册上"最佳交接"的条目内容，他们理解了自己的工作，最后都与乘客相关，因此都分别从各自的立场出发，思考如何服务好乘客。这样就带来了日航整体服务水平的提升。

还有一件这样的事情。有一位年轻女的员工说："我经常被男性搭讪，受到奉承，所以自尊心很强。别人觉得我不容易接近，所以我每次恋爱的持续时间都不长。但学习了日航哲学后，大家都说我变得亲切温柔了。现在我也要结婚了。学习了日航哲学，我的人格得到了提高，真切地感受到自己的人生正在变得越来越好。"听了这番话，我觉得又惊又喜。

这里或许是画蛇添足了。不管是航空乘务员也好，值机柜台的员工也好，稻盛先生在女性员工中人气极高，受到她们的爱戴。大概是因为女性看人的眼光更为纯粹吧。此外，稻盛先生对女性似乎也比对男性更温柔一点。这种普通人的人性也是稻盛先生的魅力所在。

想当年，稻盛先生刚刚提出"营业利润最低也要以10%为目标"时，大家都纷纷反对："这在航空业是不可能的。"稻盛先生到任后，尽管几乎每个月的核算数字都在提升，但仍然有人无动于衷地说，"没多久就会降下来的"。最终，利润不仅没有下降，反而不断提升，第一年就实现了超10%的利润率。日航员工都为之震惊。

我有时候会故意嘲笑他们，"恐怕破产前大家都没好好干活吧"。他们回答说，"不是这样的，当时我们也拼命努力工作。说实话，我们到现在也搞不懂，为什么利润会变得这么高。如果是因为施了什么魔法的话，那就请永远也不要解除"。就像这样，高收益成了理所当然的事情。没有人再说"航空业必然是低收益，所以日航也一样"这样的话了。如果利润率出现了下滑的倾向，大家就会拼命努力去提高。所以，日航始终保持着高收益的状态。

第九章

爱与认真
——稻盛先生的领导力

到此为止，我针对稻盛先生的经营哲学和日航意识改革的机制，以及现场实际发生的变化，进行了说明。在本章中，我想要介绍一下让这一切成为现实的稻盛先生本人的逸事。

◉ 令人惊讶的一线访问

稻盛先生认为，工作一线比什么都重要。因此，上任第二天，也就是 2 月 2 日，他就访问了位于羽田机场的某个工作现场。以大西社长为首，总部有几位干部随行。现地干部做了简短的说明后提出，"会长好不容易来一趟，把干部都召集起来吧"。稻盛先生说声"哪里的话"，随即走进了工作现场。

然后他走到每张办公桌前，对每一位员工打招呼，"辛苦了，我是新任会长稻盛。今后会很辛苦，但我会努力，也请大家一起努力"。员工们吃惊之余，要站起来打招呼时，稻盛先生马上制止，对大家说："打扰大家工作了，不好意思，请大家继续工作。"

在下一个到访现场也同样如此，在同行的我看来，这是一个耗时的重劳动。但稻盛先生全程没有疲惫的姿态，还给大家加油鼓劲儿，鼓励大家。现场的员工们根本想不到，那么有名的稻盛先生居然会来到自己的桌旁，亲口对自己说"辛苦了"。在吃惊的同时，大家感觉到，日航可能真的要发生变化了。

同行的日航干部被震撼了，迄今为止，日航的经营层基本不访问现场，即使偶尔来了，也只是在会议室里召集干部，听他们汇报，训示他们。所以，他们认为稻盛先生来到机场的工作现场，"也和以前一样，或许他还会发怒，批评现场太差"。大家原先都惴惴不安。

但是，稻盛先生直接进到现场，热情地跟员工们一一打招呼。同行的干部说，"我们真是领教了，心服口服。稻盛先生这么一来，现场员工马上就成了他的粉丝了"。

稻盛先生访问现场的风格在此后也没有任何变化。他一边在总部接受关于日航经营状况的汇报，一边一有时间就不断访问各个现场，直接为员工打气。这样的流程大致走过一遍之后，稻盛先生开始在现场召集员工，给大家授课，和大家一起联欢。在总部也是一样，有时间就会把中层干部召集到一起，直接讲述自己的想法，举办简单的空巴。

"要提高奋战在最前线的员工们的士气，哪怕只提升一点点，那也是很有必要的。"所以，他在百忙之中抽出时间，尽可能增加与现场员工接触的机会。

一般来说，现场的员工表面上会说欢迎领导视察，但很多人内心会想："不但事前准备很费事，而且领导只会训斥我们，真是添乱。"日航以前就是如此。但稻盛先生就任会长后，到工作现场时都会受到热烈欢迎，他给予现场员工无限的感动和巨大的能量。"不仅要看视频，还要见到活生生的稻盛先生，请他一定到我们这里来。"我也经常听到这样的声音。

稻盛先生繁忙至极，无法答应所有的请求，但每次访问都带来很大影响。我后来听说，在现场见到稻盛先生的员工都非常兴奋，马上就用电子邮件等方式把这个事情告诉了自己的朋友们。因此，即使一次都没有在现场见到稻盛先生的人，也都知道稻盛先生非常重视工作现场，也都能感受到他亲切的关怀。

◎ 用"作为人，何谓正确?"判断联盟问题

稻盛先生刚刚到任，就遇到了处理与美国航空

（简称"美航"——译者注）联盟关系的问题。全世界所有的航空公司，都集中于星空联盟、寰宇联盟、天合联盟这三大联盟中。就是说，分成了三个集团。日航当时属于以美航为首的寰宇联盟，但天合联盟以破格的财务支援为条件，邀请日航加盟。

天合联盟是以美国的达美航空为首的联盟，内部没有日本的航空公司（ANA，即全日空，属于星空联盟。——译者注）。天合联盟希望打入日本市场，所以以提供高额的资金援助为条件，邀请日航加入天合联盟。天合联盟航线数量远超其他联盟，日航干部们纷纷进言，"这是一个好机会，我们更换联盟吧"。

稻盛先生就在这一时刻就任了日航的会长，就任的第二周，他就被告知，自己的第一个工作就是"决定加入哪个联盟"。实际上，就是要求稻盛先生，"我们要把联盟从寰宇改为天合，请您认可"。

对此，稻盛先生是这么说的。"如果从利害得失的角度说，可能更换联盟是个好主意。但美航作为我们的盟友已经很长时间了，在此期间我们得到了他们多方面的关照。如果仅仅因为其他联盟出了更多的钱来支援我们，我们就改换门庭的话，是不是太短视、太武断了？如果我们更换联盟，可能日航会得利，但美航会受到很大打击，这是作为人应该做的正确的判断吗？"就是说，我们不应该用利害得失，而是应该用"作为人，何谓正确？"来判断。

在破产缺钱的时候，对方愿意拿出几百亿来，这是一个极具魅力的提案，心动是肯定的。而且这是一个可以加入更大联盟的机会，大家不愿意错过，这一点可以理解。

两个联盟的高层领导都赶来和稻盛先生见面。经过面谈，稻盛先生后来说，"从人格上来看的话，美航领导人的人格似乎更好一点"。但是稻盛先生并没有一锤定音，他对大家说："从'作为人，何谓正确？'的观点来看，我觉得应该留在寰宇联盟。但是各位也有自己的意见，所以，希望大家彻底讨论，如果一定要换的话，也可以更换。不管结论如何，全部责任由我承担。"

于是召集相关人员一起讨论，大家各自发表了意见，其中很多人对稻盛先生的意见表示反对，但经过反复讨论，最终的结论是，"稻盛先生的意见是正确的"，决定留在寰宇联盟。这一决定让美航的领导层喜出望外，信任关系进一步增强，形成了全面协作的关系。

以前，日航的自尊心很强，不愿意向美航讨教。从此以后，开始多方面谦虚地向美航求教，美航也不吝赐教，教给日航很多宝贵的经验，给予日航无私的援助，最后的结果是双方皆大欢喜。

那时候，全世界的航空公司都关注日航的选择。当日航不以利害得失为基准，而是以"作为人，何谓正确？"为基准，拒绝了达美航空的提案时，不仅国土交通省和企业再生支援机构的人大吃一惊，日航的员工们也觉得非常意外。因为大家都认为，虽然稻盛先生说得好听，但在刚刚陷入破产窘境的时候，一定会依据利害得失的标准来解决问题的。

但是，稻盛先生做出了不同的决断。这就向全世界表明，稻盛先生的经营哲学绝不是半生不熟、随便说说的。

◉ 拒绝咨询公司的推销

在讨论联盟问题的时候，国内外有好几家曾经参与重建航空公司的咨询机构前来推销经验。他们说："稻盛先生那样的外行是无法重建日航的，航空业是特殊行业，如果没有专业的咨询顾问就没法成功重建。"听了他们的提案，得知他们确实有很好的实绩，清算管理人和金融机构也建议利用这种专业公司的力量。

确实，我们都是外行，对他们的提议也并不是毫不动心。我跟这些机构的人见面会谈，将内容报告给稻盛先生，请他做判断。我自己心里也想："多少能得到一点他们的支持，也是好事吧。"但是，稻盛先生还是坚持之前的想法，"重建只要依靠哲学和阿米巴经营就行了"，拒绝了所有咨询机构的推销。

咨询公司的提案是把所有的亏损部门全部卖掉，只留下盈利部门，是一种以裁员为主的方案，需要让更多的员工离开公司。在稻盛先生看来，这与他一贯珍视员工的经营哲学格格不入。而且，为此要支付高额的咨询费，稻盛先生认为这不合适。得知这一判断，日航员工们再次对稻盛先生坚定的决心感到意外和钦佩。

后来，在日航重建成功之后，有一家曾经来推销过的咨询公司前来询问："希望你们能告诉我们，究竟是用了什么手法让重建如此成功。"这么卓越的成功，他们无论如何也做不到，而这居然是由对航空业一无所知的稻盛先生实现的。他们感到非常不可思议。不过，尽管我们就意识改革和哲学教育做了说明，但他们却完全不能理解，因为他们根本不相信，只要改变人心，就能重建成功。

◉ 稻盛先生写给全体员工的公开信

稻盛先生在就任会长之后，立刻听取了很多的汇报，包括周六、周日在内，他利用一切时间尽可能把握日航的实际情况。此外，他还作为会长与协作公司打招呼，参加日航内部会议。接手日航前，预定每周只工作三四天，但实际上连休息日几乎都没有。在此期间，就像前面提到的那样，稻盛先生尽可能访问现场。但他担心，仅做这些，还无法把自己的想法完整地传递给全体员工。因此，他在4月下旬向日航集团的全体员工，接着在5月中旬向所有管理岗位的员工，发出了如下主旨的公开信，直接讲述了自己对于重建的想法、对于员工和管理层的期待，希望和大家共同努力，使重建获得成功。

全体员工：

日航在破产后仍然能够无障碍运行，这是广大员工努力的结果，我对此表示感谢。但尽管如此，重组工作今后还必须进行。对于这一现状，作为会长，我想表达我的歉意。但是，只要我们大家一起拼命努力，明年春天业绩一定能够好转。为此，我们要做的是努力自助，全体员工必须下定决心。航空公司的利润只能来自航班，航班的详情不清楚的话，就无法拿出对策。所以我们要尽快建立机制，弄清每个航班的情况，并与全体员工共有，全体员工为提高核算效益而努力。这样的话，企业的收益就能提升。

虽然外界环境依然严峻，但公司内部如果有问题，必须有勇气指出。只要全体员工拥有主人翁精神，持续改良改善，日航就能成为全球航空业的主导性企业。希望能和大家共同努力。(概要)

诸位各部门的领导：

我希望大家能成长为真正的领导人，站到重建的最前线。因此，希望大家首先真挚地接受破产的现实，谦虚地反省日航以及自身有哪些做得不对的地方。承认自己的错误，是重建的开始。知道了该做什么之后，就要鼓起勇气予以实施。在此基础上，必须拼命努力，要努力到让部下自然地觉得，上级那么拼命，我们也非努力不可的程度。

日航虽然破产了，但仍能运行。对此要由衷表示感谢，这是最重要的。抱有感谢之心，就能态度谦卑，待人亲切。我希望大家通过此次危机，严格直视自我，成长为真正的领导人。并且，希望大家具备经营者意识，就是将一切责任都归于自己。要把利润的源泉，就是每个航班的核算情况搞清楚，希望大家能够负起责任，对核算进行管理。

如果能做到这些，日航就能浴火重生，再次成为世界性的优秀企业。为了员工，为了支持我们的国民，请大家一定拿出燃烧般的热情，和我一起拼死努力。(概要)

在日航的各地分部和关联公司里，有很多员工和管理人员没有和稻盛先生直接接触的机会。通过这样的信件，他们就能够了解稻盛先生的决心和热情，了解他对于企业经营的想法。

此后，稻盛先生也仍然利用各种机会，通过内刊等途径，直接向员工们传递自己的想法。

◉ 稻盛先生用真心感动飞行员预备生

接下来讲一下稻盛先生和飞行员预备生之间的插曲。日航每年都会录用很多想当飞行员的员工。但航线的大幅度缩减，导致飞行员必须减少，所以一方面开始招募自愿离职者，另一方面，终止了针对新人飞行员的训练，让他们转为地勤人员。因此，飞行员预备生们满腹牢骚。

这也好理解。他们从孩提时代开始，就立志成为飞行员，为此努力学习，突破各种考试难关，好不容易进入了日航。正在满怀期待，准备接受飞行员训练的时候，却被告知训练终止，而且不知道什么时候恢复，更被要求去从事跟飞行业务没有直接关系的工作。自己的前辈都成了飞行员，在自己这一代训练却停了下来，因此他们内心感到困惑，愤愤不平。

他们一味抱怨，让周围的人为难。现场多次汇报上来。稻盛先生也很担心，问"现场是怎样应对的?"有干部说，"没什么好办法，只能跟他们说要忍耐，但他们很不理解，我们也很困惑"。稻盛先生说，"干部只知道逃避，当然解决不了问题。把大家召集起来，我直接跟他们谈"。于是就决定举办简单的立餐空巴。

参加空巴的飞行员预备生有四五十人，很快就有几个聚拢到稻盛先生身边，向他诉苦，"我们都是冲着当飞行员才加入日航的，什么时候才能开始训练哪? 连这都不告诉我们，就让我们做其他工作，这不合理吧"。

稻盛先生当场回答，"你小子脑子有问题吗? 日航的经营状况你又不是不知道。要培养一个飞行员需要投入巨额成本，所以不可能马上恢复训练，日航不是为了你而存在的。我们先要一起努力重建日航，重建顺利的话，飞行训练肯定会恢复，在此之前，希望你在目前的岗位上努力工作"。

但是，这份工作关乎他们的人生，要说服他们，并没有那么简单，激烈的辩论没有停止。唇枪舌剑，稻盛先生与其中几个人的交锋异常激烈。但是，稻盛先生态度真挚，诚恳面对每一个人，认真听取他们的意见，努力传递自己的想法。

空巴临近结束时，稻盛先生拿着啤酒瓶，轮流为这些跟他展开激烈辩论的人倒酒。对他们说，"好了好了，别再生气了。你们的理由，我很明白。现在让你们受苦了，真的很对不起。但希望你们也能理解公司的难处"。看到刚刚还因发怒而满脸通红的稻盛先生，现在却微笑着对他们说"一起加油哇"，对方都默默地点头了。

空巴结束后，我和稻盛先生一起走在回家的路上。这时，稻盛先生说："真的好久没像今天这样发火了。但大家都像我的孙子一样，所以该严厉的时候就要严厉，没有办法。"确实，讨论的当时，稻盛先生非常强势，表现出惊人的魄力，其中包含着对晚辈的深沉的爱。对方也一定感受到了稻盛先生的真情和爱心。

后来，航运本部长打来电话说："给稻盛先生添麻烦了，十分抱歉。但参加空巴的员工们真的很开心。""一直以来，经营者都以没时间为借口逃避，而把这样的工作全扔给专职董事。但稻盛先生直接出面，听取我们的意见。做不到的事就明确说做不到。"因此大家都很感动。

说真心话，拿出勇气，采取行动，不逃避困难，从正面面对。这些话稻盛先生经常挂在嘴边，这次他亲自实践，亲身示范。这其中蕴含着大爱。看到他这种真诚态度，飞行员预备生们觉得自己也必须努力。最终，日航重建顺利开展，训练得以恢复，稻盛先生兑现了对他们的承诺。

◎ 相信客户——以真情应对客户的投诉

在对待客户方面，稻盛先生的做法，也让员工们的意识"焕然一新"。我在这里介绍3个事例。

第一个事例是关于应对客户投诉的。一直以来，日航都会收到很多客户来信，其中也有写给会长的，这种信件是由"支持中心"这种部门的员工开封、阅读、根据内容写出回复。当然，也有抱怨和投诉的信件，这时会把信件转给相关的销售人员，让他们应对。

但是，稻盛先生对于客户给自己的来信却说："我全都要看。"每周多达数十封的信件他全都浏览。然后给出指示，"这封信要这么回复"，"这个要那样应对"，等等。

稻盛先生通过阅读信件，直接了解了客户的呼声。所以，在会议上，当负责销售的董事发言说"我们做出了这种改善，让乘客很高兴"时，稻盛先生会指出："客户还有那样的抱怨，你们知道吗？"有时候甚至会让他们改变做法。通过读客户来信，稻盛先生正确理解了客户对日航的评价。

在这些信中，偶尔有些非常严厉的批评。这种时候，稻盛先生会说，"这个你来应对"，然后交给我处理。

我会找来销售负责人，对他说："有这样的客户来信，马上调查一下现在是什么情况。"这个时候，负责人经常会回答我说："大田先生，这是一个麻烦的客户，专门找碴儿，不用理他。他肯定是想得到赔偿金。"

遇到这种情况，一般人会说，"那你就不用麻烦了，这样的人要强硬对待"。但我要求他尽可能细致应对，"虽然可能是客户找碴儿，但如果不能相信客户，就应该离开销售岗位。客户总是对的。应对客户哪怕产生几百万日元的损失，那也是必要的费用。相信客户，认真应对，最终一定会对日航有利"。

但是，最初他很不理解，态度犹豫："对于这种素质不好的人，还要这样客气的话，他们会投诉个没完。"但即便如此，我还是努力说服他："就算上当受骗，也要相信客户。"最后，他带着无奈的表情说："知道了。"

过了没多久，销售负责人来汇报结果，"原来很担心，但后来发现对方是一个好人，当时确实是遇到困难了。所以这位客户事后对我们说，还麻烦你特地来道歉，对不起了。今后我会多坐日航的航班"。此后，对于批评严厉的投诉，大家都选择首先相信客户，向客户表达歉意。这些客户中可能确有找碴儿的人，但绝大多数的人确实是遇到了问题。我们认真处理之后，虽然还有人投诉，但喜欢日航的人在不断增加。

对于销售人员来说，这好像是个新发现，所以好几个人来向我汇报，"是我们以前做得不对"。我把此事向稻盛先生汇报，稻盛先生只说了一句话："这不是理所当然的吗?"也就是说，理所当然的事情以前却一直没做好。

坐镇指挥企业重建，繁忙至极，要读客户来信，还要指示如何应对，很花时间，也很烦琐。但是，这些最麻烦的工作，稻盛先生却率先垂范，不厌其烦地做。结果，就是正确把握了客户服务的现状，作出了精准的指示，服务水准也就着实提升了。

◉ 用自己的行动显示诚实和认真

下面我介绍第二个事例。在来到日航两年左右的某一天，有一封客户来信寄到了秘书部，内容如下:

前段时间，我坐日航的飞机从大阪飞往羽田。我坐的是经济舱，在到达目的地，飞机降落后，有一位坐在我旁边的比我年长许多的老人，特地帮我从行李架上取下了行李。我当时急着离开，没来得及道谢，我觉得那个人好像是稻盛先生，所以写了这封信，如果真的是稻盛先生本人的话，希望借此表达我的谢意。

稻盛先生在就任日航会长后，将从京都到东京的交通方式由原先的新干线改为了日航航班，当然，他坐的是经济舱。我把客户来信给稻盛先生看，他只说了一句话："是我。不过，珍视乘客理所当然，帮助乘客拿下个行李，那又怎么了？"

稻盛先生就任日航会长以来，反复诉说为客户提供贴心服务的必要性。所以，对于自己为乘客取行李这件事，他说那是理所应当，完全应该的。

但这件事并不是讲讲那么简单的。任何公司的领导人都会强调"客户至上主义"，都会说"要珍视

客户"，但实际上只是把任务扔给一线。甚至有这种
情况，"比起客户，你们应该更重视我，因为我是会
长"。据说以前的日航就是如此。结果，客户至上主
义流于形式。稻盛先生在现场亲自为乘客服务，充
分表明了只要领导人率先垂范，客户至上主义就不
会沦为形式。

　　最后说一下稻盛先生担任日航会长后，到国外
出差时的着装。一直以来，因为京瓷的工作去国外
出差时，由于在机舱内并没有客户或员工，所以有
时候稻盛先生的穿着比较休闲。在稻盛先生就任日
航会长以后，有一次我跟随他一起去国外出差，我
还是和原来一样，没打领带，穿着商务休闲装就登
机了，但稻盛先生却穿着正式西装，系着领带。我
觉得他受拘束，所以对他说，"换舒服一点的衣服
吧"。他说："我是作为会长去工作的，和你不一样。"
而且他在快睡着的时候也没有解开领带。

　　长时间穿着西装坐飞机真的很容易疲劳，我觉
得坐飞机的时候穿着可以比较宽松。但是，机舱里
的每一个人，要么是日航的乘客，要么是日航的员
工，对于日航他们都很重要。所以，那里没有稻盛

先生的私人空间。作为日航的会长，稻盛先生绝不会让别人看到自己有任何松懈，我认为他就是这么想的。

以前的日航领导人，不管是在机场还是在飞机上，作为上司，都会受到日航员工的特殊关照，他们也心安理得，认为那是理所当然的。所以，当稻盛先生最初来到机场时，大家也想为他提供超过一般乘客的服务，但稻盛先生很不喜欢。他说应该重视的对象唯有乘客，自己也是来为乘客服务的。对给予自己过度关注、过度服务的员工，稻盛先生会严厉批评。因为他与以前的领导人差别实在太大，也有员工感到不知所措，但对于客户至上主义究竟是什么，员工们获得了切身的感受。

在这里，我再次感受到稻盛先生对于会长这一职务的诚实与认真的程度。有稻盛先生做榜样，自己真正的职责是什么，工作的本质是什么，珍视客户是怎么回事，重新思考这些问题的员工增加了。

以上3个例子说明，通过自己率先垂范，树立做人做事的榜样，稻盛先生在现场直接就改变了员工的意识。

◉ 必须"时刻"心怀善念

被媒体认为必定第二次破产的日航，以超乎想象的速度成功重建，成了高收益企业。最为惊讶的应该是竞争对手吧。这家企业不想输给日航，为了在竞争中获胜，采取了各种各样的对策。其中有些做法让人感觉不可思议。

因此，有位日航干部在稻盛先生面前，对竞争对手口吐怨言。稻盛先生对他进行了严厉的批评，他说："竞争对手行为不正，我们只管堂堂正正迎战就可以了。对方也是为生存而拼命努力。因为是竞争对手，就说对方的坏话，这不对。我们只要自己管好自己，一味拼命努力就行了。"

不管遇到什么情况，都不可说对方的坏话，不可憎恨对方。"必须时刻心怀善念"，这是稻盛先生的人生观。上述发言，就是基于这样的人生观。

我们在直面某些重大问题，或意料之外的不幸时，无意中就会发牢骚，鸣不平，"为什么偏偏是我这么倒霉""因为对方不好自己才会遭殃"。

但是，稻盛先生说，"这是绝对不行的。不管遇到什么问题，都要时刻心怀善念，首先自己要付出不亚于任何人的努力"。

讲别人的坏话，哀叹自己的不幸，工作不可能因此而顺畅。何止如此，相反，什么事情都会变得更加糟糕。所以，不管面对何种困难，遭遇何种不幸，都不能怨天尤人，应该不忘感谢之心，积极乐观向前进。只要这样做，人生一定会变得更好，这是稻盛先生的信念。

在这里，我认为，重要的是"时刻"这个词。心怀善念，必须是"时刻"。即便平时心怀善念，但一遇问题就口出怨言，发泄不满，意志消沉，那就没有任何意义。这和"时刻保持开朗乐观"是一样的，即便平时开朗乐观，但遇到问题就郁闷消沉的话，就没有意义。必须时刻心怀善念，时刻开朗乐观，时刻积极向上，必须成为这样的人。这是稻盛先生一贯的人生态度。

◉ 无私的大爱点燃员工的内心之火

下面我想介绍一下稻盛先生在某次会议上的发

言，这次会议是在稻盛先生就任日航会长两年左右时召开的。在这次会议上，稻盛先生讲了很多事情后，说道："我爱日航，爱日航所有的员工。今后，我可能还会说些不近人情的话，但我是希望大家幸福才说的。以后的道路还很漫长，很艰难，让我们一起努力吧。"

听到这话以后，好几个干部都流下了眼泪。我很吃惊，问他们："怎么了？"一位干部说："这种时候，领导人一般都会说'要更加努力'等激励的话，但稻盛先生却说他爱我们。所谓爱，意味着即使牺牲自己，也要为对方尽力。听到这样的话，我很感动，眼泪就流下来了。"还有一个干部说："稻盛先生就像太阳一样，虽然严厉，却总是给我们带来温暖的爱。只要在他的身边，就可以获得力量。"

日航员工一直以来也是拼命工作的，但遭遇到了各种困难，业绩上不去，总是受到上级领导的严厉指责。另外，一发生什么事情，就会受到媒体的批评，被指责为傲慢。后来，日航真的破产了，所以受到了来自社会更为严厉的批评，员工们的内心满是伤痕。而面对这样的员工，稻盛先生从一到任，就不是以政府派来的领导人自居，而是将自己视作与大家一样的、在困境中奋斗的同志，抱着这样的态度接触日航的员工。

员工们看到年事已高的稻盛先生，不求任何回报，赌上自己的人生，拼命地投身于日航的重建。他们看到稻盛先生到访机场等一线部门时，态度是那么谦虚；他们听到稻盛先生在拼命诉说做人准则时，态度是那么认真。在这个过程中，他们不仅感受到了稻盛先生的严格，而且感受到了他的温暖、和蔼，换句话说，也就是感受到了他的大爱。这就点燃了员工的内心之火，原有的与工会之间的矛盾等问题迎刃而解，全体员工团结一致，竭尽全力，投入重建。就是说，爱出者爱返，稻盛先生爱员工多少，员工就爱稻盛先生多少。结果，日航的重建获得了圆满的成功。

爱员工这类话，不容易说出口。如果说了这话，而没有实际行动，员工根本不可能感动。但是，稻盛先生总是真心为员工着想，真心希望员工幸福。为此，他认真思考、积极行动，所以爱员工这样的话，自然就能脱口而出。而员工切身感受到了这种爱，所以才会感动落泪。

许多社会伦理都教导我们，不求任何回报的、无条件的爱，具备伟大的力量。我能体验到此话真实不虚。我真的感到很幸福。

◉ 要谦虚，不要骄傲，要更加努力

那是日航重新上市时候的事情。2012 年 9 月 19 日，日航再次成功上市。日航破产事件成为战后最大的实体企业破产案例，被认为无法重建，必定会第二次破产。但结果是，重建第一年，营业利润就超过 1800 亿日元，第二年超过 2000 亿日元，仅用了两年零八个月的短暂时间就获得重生，而且成了难以想象的高收益企业。虽然有一部分人对此提出了异议，认为日航接受了特殊的优惠措施，但日本是法治国家，不可能有这样的事情。在重新上市的时候，大部分媒体还是高度评价了日航的复活。

员工们咬紧牙关，拼命努力，结果提升了业绩，实现了重新上市，他们从心底感到高兴。此外，一直批判他们的媒体转而表扬他们，他们内心似乎产生了一丝骄傲情绪。

这时，稻盛先生向全体员工发出了信息："要谦虚，不要骄傲，要更加努力。现在是过去努力的结果，将来由现在的努力决定。"

这是为大家敲响警钟，因为"不管什么企业，每当经营顺畅时，经营者和员工就会精神懈怠，心生傲慢。一旦如此，经营就可能在瞬间恶化"。

然后，他向员工们诉说："我发自内心地感谢和我艰难与共的员工们。但是，如果能将这次上市视作契机，不忘谦虚，进一步深入学习和践行日航哲学，那么我确信，在不久的将来，在员工意识高度和经营稳定性方面，日航一定会成为全世界最优秀的公司。到那个时候，大家的人生也一定会变得更加美好。"

这样的提示，让多少有点变得轻飘飘的员工们再次绷紧神经，成为日航再次飞跃的动力。重新上市后，"要谦虚，不要骄傲"成了日航的口号和信条。

最后介绍的这个事例，我记得应该是第三年，当时日航的董事聚集一堂举办忘年会。一开始稻盛先生致辞，感谢了干部、员工的辛苦付出，他说，

"让我们一起享受这个愉快的忘年会吧"。忘年会气氛热烈，但到了最高潮的时候，有位董事喝醉了，突然朝着稻盛先生大喊："喂！和夫，唱个歌！"

瞬间，整个会场都静了下来，我也脊背发凉。尽管稻盛先生修养很高，但被比自己小 20 岁的董事不加敬语地直呼其名，我担心他会发火。但是稻盛先生笑着站起来说："好哇，我来唱一个。"于是拿过麦克风唱了起来。忘年会的气氛越加热烈起来。不仅是我，在场的所有董事，都再次深刻感受到了稻盛先生这位领导人的器量，干部们的一体感进一步提升。

我介绍的几件实际发生的事例，都说明了稻盛先生重建日航是多么真诚，多么认真。而在这背后支撑的，就是稻盛先生纯粹的善意。

第十章

复苏的心灵

◉ 人比什么都重要

日航以奇迹般的速度成功重建。但是，在这期间客观环境并没有发生任何变化。例如，财务系统很薄弱。设备陈旧，远远落后于竞争对手。IT方面也进展缓慢，很多都依靠人工作业。员工待遇和工资水准也因为破产重建而大幅下降。而且，根据重建计划，很多员工不得不离职，留下来的员工的工作量大大增加，办公环境也没有任何优越的地方。

一般来说，处于这种严峻环境中，员工们会失去对将来的希望，互相抱怨，发泄不满，业绩也会因此更加恶化，陷入恶性循环。但是，日航并没有这样，即使同样处于严峻的环境中，员工们却相互帮助，积极乐观，投身工作，把日航转变为高收益企业。

某次我偶然出席哲学教育的学习会，一开始就有一位干部对我说："日航的硬件和软件可能很旧，都是二流的，但现在我们拥有最强的'人'，所以能够越来越强大，我从内心感谢哲学教育。"听到这样的话，我也非常感动。

想一想就知道，眼睛看得见的飞机和设备等硬件，随着时间的流逝必然会老化，软件也会在短暂的时间内过时。但是，"人"，也就是人心，不管时间怎样流逝，只要不断磨砺，就能持续成长。在破产这一严峻的大环境中，留任的员工们努力学习日航哲学，改变自己的心灵，改变自己的行动，最后成就了日航的重生。

然而，人心是脆弱的，一旦忘却磨炼，很快就会退化生锈。所以，切身感受到哲学魅力的日航员工们，为了不再重蹈覆辙，此后也仍然拼命学习哲学，努力将其融入血液之中。其结果是，日航能够持续保持高收益。

◉ 为什么日航哲学能改变人心

那么，为什么学习了哲学就能改变心态呢？稻盛先生说，人的本质充满了真、善、美，充满了正确的、善良的、美好的东西。在每个人的内心深处，在灵魂层面上，人始终追求爱、真诚、和谐。所谓"爱"，就是把别人的欢乐视为自己的欢乐；所谓"真诚"，就是总想着为社会、为别人做些什么；所谓"和谐"，就是不仅是自己，也希望周围的人都能获得幸福。稻盛先生教导我们，人的本质原本就这么美好，日航哲学的根基就在于此。

同时，人心软弱、脆弱，这也是事实。即使主观上想成为有益于人的人，想要度过美好的人生，但正所谓"近朱者赤，近墨者黑"，开始时，觉得周围环境"不对头"，但在不知不觉中却被环境感染，被环境同化。日航员工也一样，本来是"希望为日本的航空事业做出贡献"，"希望日航成为客人喜欢的企业"，并为此而努力工作。但是在这个过程中，他们在不知不觉间就被旧日航的不良风气熏染和同化。

稻盛先生讲述做人应有的正确的姿态，启发了这些员工。加上学习日航哲学，他们苏醒了，重新想起了自己本有的真、善、美，开始努力回归真我。这样，内心发生了改变，行动也随之改变。

带头改变的，就是最早接受领导人教育的一批干部。在破产后，约一个月的时间里，他们几乎每天都全身心投入学习，学习领导人应有的姿态。如果一个月只学一次，可能很快就回到原样。但在每天认真学习的过程中，稻盛先生的思维方式就变成了他们自己的东西。

此后，大家在会议等场合，直接接受稻盛先生的指导。他们看到，稻盛先生口头上说的，与他实际的判断和行动完全一致。在这里，他们发现了领导人的理想状态。他们由衷希望，自己也成为稻盛先生那样的人。为此，他们更加自觉地学习日航哲学，磨炼自己的心志，逐步成为学以致用、起表率作用的领导人。这样一来，他们开始受到员工和同事的信赖，成为有魅力的领导人，能够带领团队，团结一致，投入重建工作。

跟上司朝夕相处的部下们，惊讶于上司的变化，开始心生向往，"自己也想成为这样的人"，也开始努力，力求把日航哲学学到手。这样的波纹越扩越大，职场变得生机勃勃。在这个过程中，曾经挥之不去的旧文化、不良的企业风气，也就烟消云散了。

还有一点，就是年轻员工的内心发生了变化，行动也随之变化。这些新员工曾经单纯地"希望为日航的发展做贡献""想实现自己的梦想"，因而进入日航。但入职不到半年，因厌恶糟糕透顶的日航风气，他们感到灰心失望。公司内部一盘散沙，到处充斥着牢骚和不满。遵守刻板的操作规程最为优先，而员工自己的思考和提案，不受重视，不被允许。这样的公司风气与入职时的初心格格不入。

当这些年轻员工从上司手里接过日航哲学手册，接受全公司共通的哲学教育，又接受具有职场特色的哲学教育时，"就是这个！这个就是我要追求的人生道路"，他们幡然醒悟。于是，通过主动举办学习会等方法，他们在自己的部门推动意识改革。

在工作现场跟年轻员工交流时，往往能被他们纯粹的想法和埋头苦干的精神感动，我想这决不限于日航。这样，年轻人开始发出自己的声音，"让我们做作为人应该做的事情吧"。他们开始把这话挂在嘴边。他们说，要更好地学习日航哲学，要遵循哲学做好工作。

在每年一次的"日航哲学体验发表会"上，许多年轻员工敞开心扉，分享自己实践哲学的体验。相信日航哲学，在痛苦彷徨中，贯彻自己正确的信念，"大大提升了自己的人格"。听到这样的发言，包括稻盛先生本人在内，很多干部都流下了感动的泪水。一线的年轻员工的内心发生改变，行动发生改变，这种改变反过来影响上司。这也是日航全体员工内心发生改变的另一个重要原因。

就这样，一方面从上至下，从干部开始，另一方面自下而上，从现场的员工开始，思维方式发生了转变，日航全体员工的心态发生了改变。而这一切之所以会发生，是因为稻盛先生这个最高榜样的存在，以及日航哲学。日航全体员工在各自的岗位上反复学习日航哲学，在不知所措时，就想"如果是稻盛先生的话会怎么做"，"对照日航哲学应该怎么做"，这样，员工自己就能做出正确的判断。

◉ 成功方程式和日航重建

在第二章中我介绍了稻盛先生的成功方程式，"人生·工作的结果＝思维方式×热情×能力"。我认为这个方程式同样适用于由人所构成的集团，即适用于企业。企业的成功，同样能用"员工的思维方式×员工的热情×（员工的能力＋充分发挥员工能力的经营体系）"这个方程式来表达。下面来做说明。

我们将这个方程式放到日航重建的过程中看

一下。

先是"思维方式"。稻盛先生在领导人教育中，在员工的工作现场，努力传授自己的经营哲学。同时，通过全公司和各部门的哲学教育，员工的意识、思维方式，无疑得到了提高和改进。原来怨天尤人的员工们的负值的"思维方式"，在大家互帮互助、推进重建的过程中，变成了正值。

那么，"热情"怎么样呢？

稻盛先生本人具备无论如何也要重建成功的强烈愿望。就任会长伊始，他就引用中村天风的名言，"志气高昂，一心一意，不屈不挠，坚决实现新计划"，告诉全体员工，必须怀有成功重建的强烈愿望。而且他还明言，企业经营的目的是"追求全体员工物质和精神两方面的幸福"，告诉大家自己的幸福必须靠自己去创造，阐述了自我努力的重要性。结果，日航整体的"热情"被点燃了。

"能力"又怎么样呢？第二章里讲过，如果说，企业最为本质的资产就是员工的话，那么，能将员工的能力充分发挥出来的经营体系就是最重要的"能力"。只要有这样的体系，技术能力、生产能力、财务能力自然就会提高。稻盛先生相信，任何人都具备无限的潜能，并开发了将这种无限潜能释放出来的经营体系，也就是阿米巴经营。日航也导入了阿米巴经营，结果，财务能力、技术能力、飞机的使用效力等，也就是企业的"能力"获得了飞跃性的提升。

就这样，如果把成功方程式代入到企业中，那么，日航的重建就能得到合理的说明。

◉ 重建迅速成功的原因

即便如此，日航重建的速度也还是太快了。这是为什么呢？原因是稻盛先生无边的大爱、利他心，也就是稻盛先生的善念造就了这样的结果。我确信这一点。

在这个世界上，获得事业成功的经营者有很多，让破产企业成功重建的经营者也不少。但是这些经营者和稻盛先生之间的根本区别在于动机。不管是哪位经营者，动机中多多少少夹杂着名誉欲、功名心和金钱欲。

但是，在日航重建的过程中，稻盛先生心中所想的，只有一点，就是"希望日航的员工获得幸福"。所以，他敢冒玷污晚节的风险，鞭策自己那把老骨头，不收取任何报酬，身先士卒，比谁都更拼命，全力投入重建。而且，成功后也不求任何回报。稻盛先生这种毫无私心的、纯粹的善念，不仅点燃了他直接指导的干部的热情，而且点燃了在一线拼命努力的全体员工的热情。所以，在很短的时间内，大家的"思维方式"、"热情"和"能力"都迅速提升。

在任何人看来都毋庸置疑的善念、无边的大爱、纯粹的利他心，对于提高成功方程式中 3 个要素的数值，对于点燃日航集团的热情，让它持续燃烧，好比是不可或缺的氧气。稻盛先生不断地为日航员工注入能量。结果，全体员工都拥有了"我们要自己重建日航"的经营者意识，实现了真正全员参与的经营，日航的重建也就以超出想象的速度获得了成功。

◉ 何为"善念"

稻盛先生在他的讲演和著作中反复强调"善念"

的重要性。不仅是稻盛先生这么说，佛教中也有"人生中有因果报应的法则，善因得善果"的教诲。此外，英国哲学家詹姆斯·艾伦在其名作《原因与结果的法则》中也有相同论述。

自古以来，全世界都强调具备善念的重要性，没有人会否定这一点。而且人类是喜欢自我肯定的生物，谁都认为自己是基于善念行动的。但是，这种善念，必须像稻盛先生一样100%纯粹。

善念经常被分成大善和小善。"大善似无情，小善乃大恶"这句话表明，所谓大善，例如，为了自己的孩子或部下不断成长，所以有时会用严格的培养方式，看上去很无情。溺爱自己的孩子或部下，则会阻碍他们成长，这种温情只是小善。这样的小善中，包含着想让孩子或部下看好自己的私心，因此不是纯粹的善念，所以并不会带来善的结果。

还有一种，叫独善。那是在很早以前，我在某次会议上听到稻盛先生说，"那个人嘴上说着为大家，结果却是为了他自己，这种独善的人最让人头痛"。确实如此！我当时就十分认同。在组织中，即使本人自以为做的是善事，但混入私心，就变成独善。

这样就无法获得周围人的理解，无法统率组织，也无法获得理想的成果。

还有一种人，误认为自己做的是大善，作风越发凌厉，强化独善。结果就会浇灭员工心中的热情，导致组织发展停滞，有时甚至导致组织的解体。在政治领域里，所谓独裁者就是这样的人。体育界似乎也在发生这样的事情。最初想做善事的领导人，在不知不觉中变得独善，最后变成独裁者。

前面介绍过，稻盛先生在创办第二电电，也就是现在的 KDDI 时，曾经持续半年，反复地自问自答，追问自己是否"动机至善，私心了无"，直到确认自己的动机是纯粹的善意，没有夹杂任何私心后，才决定创业。立志当领袖的人物，需要真挚地思考什么才是真正的"善"，注意避免落入独善和小善的陷阱。

在我们的日常生活中，随时都能"行善"。稻盛先生说，所谓"和颜爱语"，就是与他人接触时面带笑容，使用带有关爱的语言，这本身就是重要的善事。充满了开朗笑容的职场，一定会是愉快、充满活力的，工作也能顺利进展的地方。客户也会想和这样的企业多做生意。

此外，稻盛先生还说，在每天的生活中，感谢也是重要的"善"。但这个时候，不能期待感谢的回报。即使别人没给你任何回报，首先自己要主动说声"谢谢"。在这个过程中，"谢谢"的连锁反应，感谢的循环就会开始，就会形成充满活力、朝气蓬勃的职场氛围。

在企业经营的现场，在每天的生活中，并不尽是愉快的事情，更多的可能是困难。正因为如此，更要把"和颜爱语"挂在心上，不忘感谢之心。这样的"善"，我们每个凡人都能实践。在这个过程中，我们就能感受到真正的幸福。

● 日航重建的普遍性和全员参与经营

对于日航重建，稻盛先生经常说："不希望大家认为，这是只有我才能做的特殊的事。如果这样认为，那么谁都不会去挑战同样的事情了。事情并非如此，不管是谁，只要像我一样努力，都可以把事业做大，或让破产企业重建成功。所以，希望大家认真学习日航重建的案例，吸取有用的经验，用于自己的经营。如果更多的企业能因此获益，那么，我拼死投入日航重建，就有了更大的价值。"

稻盛先生说得非常中肯。确实，如果大家都认为"日航重建是一个特殊案例"，到此为止，那么，日航经验就无法普遍化，而仅仅成为历史的一页装饰。

"夫国以一人兴，以一人亡"，这句话表明，不管是什么样的组织，决定其盛衰的一定是领导人。从这个意义上说，日航的重生，是由稻盛先生这个卓越的领导人实现的，这是事实。而且，并不是谁都可以成为稻盛先生那样的领导人。

尽管如此，但尽可能从日航重建中多学一点，并将学到的东西应用到自己的人生和工作中，这是每个人都能够做到的。这样的话，日航重建就有了更大的社会价值。

去年，《日本经济新闻》有过报道，"根据美国的调查公司的调研，日本企业中只有6%的员工具有工作热情，这不仅在发达国家，而且在全世界都属于低水准，这也是日本经济低迷的主要原因"。据说，泡沫经济以前的日本，哪怕环顾全球，干劲儿十足的员工的占比是很高的。欧美企业因此都学习日本，推动经营改善。但现在，日本反而沦落到了全世界的最低水准。

用成功方程式来解释的话，在泡沫经济以前，日本企业虽然"能力"平平，但企业全体员工的"思维方式"和"热情"的数值都很高，所以持续高成长。但现在，"能力"倒是在某种程度上提高了，员工的"思维方式"却多多少少变得利己了，而拥有"热情"的员工又急剧地减少了。结果，企业业绩也就停滞不前了。

"热情"低的企业，"能力"自然会下降，这样的话，日本经济的未来也就很渺茫了。

有热情的员工只有6%，这意味着日本企业仅依靠这6%的员工支撑，也就意味着根本没有实现全员参与的经营。如果这个数字能提升到接近100%，那么日本企业的业绩就能飞跃提升。稻盛先生反复教导我说："仅靠干部无法经营好企业，经营的要谛是实现全体员工的参与。哲学也好，阿米巴经营也好，都是为了实现这个目的。"通过日航的重建，我切身感受到这就是企业经营的真理。

但是，要实现全员参与，也就是营造公司风气，让全体员工都充满干劲儿，都意气风发地投入工作，绝不是一件容易的事。为什么呢？这是因为，一边说"推进全员参与经营"，一边却不相信员工，只靠从上向下发出指示，员工的干劲儿不可能提高。但遗憾的是，实际上在很多日本企业中这样的事情经常发生。那么，什么才是最重要的呢？

我在日航重建的过程中学到的是，要实现全员参与的经营，必须先改变包括干部在内的全体员工的心态和心性。

经营者要明确事业的目的和意义，为了实现这个目的，仅靠自己一个人的力量是不够的，因此必须相信员工。要向全体员工谦虚地诉说："希望大家协助我，和我一起为实现经营理念而奋斗。"然后，为了公司的发展，也就是为了员工的幸福，率先垂范，付出不亚于任何人的努力。这样的话，员工就能感觉到被信任、被期待，就会真心诚意，努力为企业的发展贡献力量。

这样，经营者和员工同心同德，在此基础之上，才能实现全员参与的经营。经营者和员工之间，只要有一丝一毫的不信任感，实现全员参与的经营就是不可能的。

前面的事例中也介绍过，稻盛先生到任日航伊始，在明确经营目的的同时，就说要"相信员工，推进以心为本的经营"。稻盛先生细心讲解为此必须具备的思维方式和心态。结果，包括干部在内的全体员工之间形成了强有力的心灵纽带，不仅阿米巴经营顺利导入，而且真正实现了全员参与的经营。

如果说日本企业中有热情的员工只占6%的话，恐怕破产前的日航中有热情的员工就更少了。这样的日航是怎样增加有干劲儿的员工，最后实现全员参与经营的呢？我认为，其步骤过程绝无特殊性，而是具有普遍性的，可以学习的地方很多。

◉ 复苏的心灵

在日航这个企业里，真的都是拥有纯粹之心的、优秀的员工。全体员工都发自内心地希望，"日航变得更好"，"客户更加喜欢我们"，"和伙伴们一起度过美好人生"。但是，正因为纯粹，所以容易受外界影响，容易受感染。不知不觉中潜移默化，员工变得只考虑自己所在的部门，变得执着于自己，执着于自己所编写的操作规程，而不重视客户的感受，也忘记了在日航一起奋斗的伙伴们。

于是，随着业绩恶化，不管是对未来的希望，还是对工作的热情，都慢慢淡薄了，员工开始口出怨言，原本美好的心灵受到了伤害。而让这样的心灵回归，也就是再次复苏的方法，就是到此为止反复阐述的稻盛先生的纯粹的善念和日航哲学。

我们往往认为，心灵一旦沾染某种色彩就很难复原，但事实并非如此。就像日航重建所显示的那样，人的心灵是可以苏醒的。只要想变得纯粹，并为此不懈努力，心灵就能够恢复到原有的美好状态。同时，日航破产的事实也证明，人虽然是崇高的存在，但其心灵是软弱、脆弱的，这一点也不能忘记。

从这个意义上说，现在的日航或许正在迎来新的危机，这就是成功。没有任何东西，能像成功一样蛊惑人心，使其狂乱，如果是大成功的话更是如此。对于成功的赞美、种种诱惑，以及成功所带来的心灵扭曲，不会导致生理上的疼痛，所以难以觉察，但是，会在不知不觉中侵蚀我们的心灵，改变企业的风气。

只要产生一丝傲慢，干部和员工的心性发生变化，全员参与的经营就会一点一点形式化。尽管战胜了企业破产这个严酷的考验，但可能被成功这个甜美的考验俘虏，被打回原形。

稻盛先生说，成功也是考验，神灵给予人们成功这一考验，试探我们是因此而骄傲麻痹的人，还是不陶醉于成功、始终诚实和认真的人。所以，在日航重新上市时，稻盛先生给出的赠言是："要谦虚，不要骄傲，要更加努力。"

我发自内心地希望，日航员工不忘稻盛先生的告诫，不管企业经营多么顺利，都不懈怠，不厌倦，全员一致，进一步将日航哲学内化，在员工意识高度方面，成为世界第一的企业。只要这样踏踏实实地持续努力，日航作为一家世界性的企业，一定可以继续展翅高飞。

我希望，日航的各位不仅能经受住破产这一考验，同样也能经受住成功这一考验，将作为企业的正确的经营之道，将作为人的正确的人生之道，不断展示在世人面前。我认为，这样做，就是在回报给予重建支持的众多相关人士，也是对稻盛先生的报恩。我坚信，这是完全可以做到的。

JAL
终　章

　　日航的重建，建立在金融机构、股东以及众多国民和政府相关人士的支持和理解的基础之上。如果没有以企业再生支援机构和破产清算人团队为核心的各位制定缜密的重建计划，重建工作根本就无法启动。在众多人士的支持之下，日航的重建才得以顺利推进。作为当事人之一，我对此表示由衷的感谢。

　　同时，在这个重建过程中，发生了在一般的企业重建中看不到的景象。那就是有很多之前与日航没有任何关系的人，给予了无私的支援。以稻盛先生为中心，善意唤来善意的事情出现了，我想在最后介绍其中的几件。

◉ 盛和塾塾生的善意

　　盛和塾是受京都的中小企业经营者之托，在1983年成立的。当时稻盛先生50岁出头，正处于作为经营者最为忙碌的年龄。稻盛先生认为，支撑日本经济的是中小企业，中小企业的健康发展对日本经济起到重要作用，基于这一信念，他义务向大家传授经营哲学，传授对经营者来说最为重要的心灵应有的状态。盛和塾现在在世界各地都有分支机构，塾生人数超过1.3万。

如果从利害得失的角度思考，盛和塾的活动没有任何收益。稻盛先生本来就已经很忙碌了，还要飞到全国各地，无偿地向中小企业的经营者们传授自己的经营经验和经营哲学，和他们一起喝酒，敞开心扉地交流。一般的经营者恐怕不会做这么辛苦的事。但是，"为社会、为世人做贡献，是人最崇高的行为"，这是稻盛先生坚定的人生观。希望塾生们作为人，作为经营者，都能进一步成长。希望塾生的企业不断发展，让那里的员工获得幸福。抱着这种纯粹的愿望，稻盛先生在百忙之中为盛和塾的活动花费了大量的时间。

稻盛先生决定就任日航会长时，塾生们的心情虽然很复杂，但当稻盛先生实际到任后，塾生们提出，"就像拯救我们一样，这次塾长要拯救日航。我们要出手帮忙，以报答塾长的恩情"。整个盛和塾都给予了鼎力支持。

刚刚破产时，日航受到了媒体的严厉批判，受到了客户的责骂，但塾生们却对日航的员工们说：

"加油哇，我们支持你们。"他们给予日航员工温暖的问候，还递上留言卡，热情鼓励，很多员工因此感动得流下了眼泪。

每年夏天都会有4000多名塾生聚集在横滨，参加盛和塾世界大会。日航的年轻员工们抱着报恩的心情，也参与大会的运营。在那里，看到身为经营者的塾生们，那么认真地学习稻盛先生的经营哲学，他们深受震撼。

他们认为自己更应该学习，于是马上行动，成立了名为"日航哲学钻研会"的组织，在下班后和休息日聚在一起，观看稻盛先生的录像，探讨哲学。这个组织也成了之前提到过的哲学自主学习会的前身，以此为契机，工作现场的哲学渗透得以进一步推进。

稻盛先生以自己的善意创办了盛和塾，而塾生们则鼓励日航员工，并以自己的实际行动，证明哲学的重要性。塾生们的善意又成了日航重建的巨大助力。

◉ 善意唤来善意

其他善意的合作者也不断出现。鹤田国昭先生是唯一成为美国大型航空公司副总经理的日本人。听说日航陷入困境，他抱着帮一把的想法从美国休斯敦飞到日本，指导日航维保和调度部门的年轻员工，同时，在与波音公司的谈判中，他也大显身手。

美国华盛顿特区有一位叫丹·希克的议会记者，之前就对稻盛先生非常了解，并由衷敬佩他。在讨论加入哪个联盟时，他特地从华盛顿飞来，提供建议。在讨论今后计划引进的机型时，他把空中客车公司的会长介绍给了我们。这些举动都是源于丹·希克内心的善意，希望能对稻盛先生有所帮助。

此外，还有很多希望帮助日航重建的人出现在各个地方。或许是人一旦感受到纯粹的善意，一直潜藏在内心的善念就会被触发，被唤醒，这就是所谓的善意唤来善意。

以稻盛先生为中心，产生了一个善的循环。我认为，这也对日航的重建产生了很大的作用。

◉ 日航重建的意义

日航的破产，在当时是冲击性的新闻，受到了全世界的极大关注。很多人都断定"不可能重建成功"的日航，在稻盛先生了无私心的善念，以及以他为中心的公司内外的善念循环中，以无法想象的速度成功重建。其间，稻盛先生揭示的接手日航会长职位的三条大义，即对日本经济做出贡献、保住剩余员工的工作、确保日本航空业健全的竞争环境，全部都实现了。而且，这次奇迹般的重建，在全世界被广泛报道，带来了巨大的震撼。

日航奇迹般的重建俨然是一个事实，对此谁都无法怀疑。这个事实告诉我们，人的心灵原本非常美好，拥有超越我们想象的伟大的力量。这样的心灵即使一时遭到某种污染，但只要接触到纯粹的善意之心，就能再次复苏。而且，只要以这样的善念为中心，人们就能团结一致，将不可能变为可能。

现代社会在物质层面已经相当富足，可是仍有很多人发牢骚，鸣不平。即使社会充满矛盾，只要能贯彻善念，就能度过幸福美好的人生。日航的重建就是一个清晰的示范。我认为这就是日航重建所带来的最大价值。

致知出版社的藤尾秀昭社长一直以来都对我非常关照，在我到任以后，他一有机会就鼓励我。在此过程中，我经常会与他交流本书中提到的内容，探讨人心和意识会给组织带来怎样的改变。在重建成功之后，他提出，为了将日航重建的真相向社会广泛传播，希望我能把在此过程中的经验写成一本书。但我工作繁忙，而且对于我来说，重建的整个过程中，既有让我感到辛酸痛苦的部分，也有令我记忆犹新，如同发生在眼前一样的场景。所以当初婉拒了出书的邀请。但藤尾社长依然劝我提笔，他对我说："您所经历的事情，并不是您个人的财产，而是社会的共有财产，应该向社会还原，这也是您的责任。"

几年前，在与一个老朋友交谈时，他对我说："我觉得日航重建的内幕是无法公开的，因为我听说日航的重建得到了政府的很多特殊支持。否则的话是不可能那样成功的。"我听了这番话甚为惊讶。据他所说，这就是所谓的世间常识，否则的话就于理不通。日本是一个法治国家，不可能有他所说的那种事情，但由于重建实在是太成功了，令人难以置信。所以现在大概还有很多人是这么想的。

此后，有一次在某家公司讲课时，听到新员工们说，"日航曾经破产过吗？我们没听说过哇"，我大为震惊。日航的破产和重建已经成为过去的事情了，就算我努力讲解，不能理解重建意义的年轻人却在持续增加。

日航的重建，是可以载入世界经济发展史的事件。正如藤尾社长所指出的那样，我作为当事人之一，有责任将这个过程和其中的意义正确地传递给社会，这件事具有很大的社会价值。所以我开始认真考虑执笔写书的事。此事不仅得到了稻盛先生的认可，日航的植木会长也予以了赞同，他对我说，"请大田先生把自己的经历和感受原原本本地写出来，我很期待哦"。

因常年饱受巨额亏损之苦而最终破产的日航，在短期内又重生为高收益企业。使这一切成为可能的，是稻盛先生这个无私的领导人所怀有的无边的大爱和纯粹的善意，我对此深信不疑。但是，可能很少有人能马上接受我的这种观点。所以，在本书中，我不仅阐述稻盛先生的哲学，而且用尽可能多的具体案例进行说明。遗憾的是，我的文字表达能力幼稚拙劣，很多地方没能充分表述。但是，对于经营、对于工作和人生，真正重要的是什么，如果读者能从本书中获得启示，我将感到非常荣幸。

对于没有任何实际业绩的我来说，之所以有这样的经历，能够参与这种有社会意义的活动，完全是托稻盛先生的福。于公于私，稻盛先生都给我许多关照，这是我感谢不尽的。作为秘书，我从早到晚追逐稻盛先生的脚步，经常到他的家中拜访。在会议和空巴中，他既给我严厉的提醒，也给我温暖的鼓励，总是包容我。遗憾的是，尽管如此长时间、近距离在稻盛先生身边工作，我的修养也未能达到他的高度。我能做的，就是把我从他那里学到的告诉大家，这就是此书的由来。

我在日航工作时，受到了日航全体员工的关照。其中有在上任时温暖迎接我们的秘书们，有和我们激烈争论的干部们，有和我们一起制定和传播日航哲学的同志们，有为了实现重新上市而甘苦与共、一起奋斗的伙伴们，还有为交涉飞机价格而共同战斗的朋友们。与这些能称为战友的人共同度过的 3 年时间，是我人生的宝贵财富。此外，企业再生支援机构和清算管理人的诸位，也时常给我们合理的建议，我想再次对他们表示感谢。在日航工作期间，我不仅从京瓷的伙伴们那里，而且从学生时代的朋友们那里都得到了鼓励，让我惊奇的是，甚至长渊刚先生（日本著名歌手——译者注）都反复地鼓励我。我的太太也来到东京照料我，让我获得了力量。在这 3 年间，我感受到了许多人的温暖和善意，在这里再次表示感谢。

在本书的写作过程中，我受到了致知出版社藤尾社长和编辑部小森先生等很多人的关照。我想再次从内心表达谢意。此外，对于认真校对本书内容的日航的各位工作人员，我也从内心表示感谢。

大田嘉仁

2018 年盛夏

向企业注入灵魂

日本航空的重建，可以说是人类经济史上的一个奇迹。

日本航空自诞生以来，就一直是一家官僚企业。破产前，这家企业有多达8个工会，劳资斗争非常激烈，而且，部门和部门之间、员工和员工之间，关系也十分紧张。人心涣散，效率低下，人浮于事，费用居高不下。乘客不喜欢它，市场不欢迎它，舆论不待见它，甚至有人著书，将其称为"恶魔的殿堂"。日航被认为已经病入膏肓，不可救药。

然而，在社会舆论的一片看衰之下，行将就木的日航居然起死回生，实现了"逆风飞扬"，进而展翅高飞。破产当年的赤字高达1328亿日元，而稻盛先生走马上任一年后竟然盈利1884亿日元，名副其实地实现了"V字回复"。更为重要的是，日航员工的幸福感普遍提升，大家都充满干劲儿，积极向上。日航这个企业，就像被重新赋予了生命一样，一扫破产的阴霾，开始蓬勃生长，蒸蒸日上。即使是稻盛先生在2013年卸任之后，日航也继续保持着充满活力的高收益。

《礼记·大学》中有"一人定国"之论，稻盛先生主持的日航重建，可以说是这句话在现代企业中的实证。但是，稻盛先生到底做了什么，才让日航这个企业在如此短的时间内发生了如此巨大的、难以置信的改变呢？

我认为，就是稻盛先生向日航这家企业注入了灵魂。

稻盛先生经常对盛和塾的企业家们说："企业原本是无生命体，但是，当领导人将自己的全部人格和灵魂注入企业时，企业就拥有了生命和品格。"

大田先生的这本书为我们揭开了不为人知的内幕，呈现稻盛先生为日航注入灵魂，让这个一度重病缠身、奄奄一息的组织脱胎换骨、浴火重生的整个过程。

从本书中可以看到，曾经的日航，虽然体量巨大，员工众多，却可以说是一家没有灵魂的企业。因为其中各个部门乃至许多干部都是以自己的利害得失，而不是以是非善恶来判断事物。领导层没有信念，干部们争权夺利，部门间相互推诿，员工们看不到希望，整个企业都弥漫着以自我为中心的风气。然而，没有任何行业经验的稻盛先生却以完全无私利他的态度，冒着巨大的风险，以78岁的高龄，不求丝毫回报，临危受命，赴汤蹈火。不管是他所揭示的接手日航的三条大义，带病为干部讲课，还是在巨大压力下高强度工作，凡此种种，在整个重建过程中，所有人都能从他身上强烈地感受到这种无私利他的精神。这种利他精神背后，则是稻盛先生一生所倡导和秉持的"利他哲学"。

日航重建的过程可以说是一个"以心唤心"的过程。稻盛先生和大田先生等人身体力行，率先垂范，感动了日航的干部员工，触动了他们的良知，唤醒了他们的心灵。心变了，人就变了，人变了，由人所构成的企业当然也就变了。正如书中所描述的那样，稻盛哲学在日航迅速渗透，变成了干部员工们自己的思想，变成了他们自己的判断基准，最后变成了全体员工每天的具体行动，帮助他们战胜自我，在各自的工作中持续做出一个个正确的判断，最终成就了奇迹。日航业绩的飞速提升，说起来其实并不神秘，就是来源于每位员工在各自的工作岗位上，持续做出的一个个正确的判断并付诸行动，仅此而已。

大田先生长期在稻盛先生身边工作，对稻盛先生的思想和行为理解深刻，诠释精准。同时，他也是此次重建过程中为数不多的领导团队的成员，作为哲学导入的实际操作者，他以独特的视角，阐述亲身体验，为读者提供了难得一见的、非常具体的整个操作流程，以及其背后哲学思想的源头。通过本书，大田先生清晰而生动地描绘出了"以心唤心"是怎么"唤"的，"一人定国"是怎么"定"的，不仅逻辑清晰，而且文笔生动，给人以强烈的临场感。

管理学大师彼得·德鲁克说："现代社会是一个由组织化的机构形成的社会。"时至今日，企业在人类社会的各类组织中所扮演的角色已经无可替代。企业的盛衰成败，不仅决定企业成员及其他相关人员的悲欢离合，而且影响国家的发展，社会的稳定。对于当今这个商业社会来说，企业的沉沦，会给人类社会带来巨大的负面影响。从全球环境的破坏，到由金融企业欺诈活动所引发的雷曼金融危机，乃至中国奶粉行业的三聚氰胺事件，诸如此类，都是企业阴暗面的呈现。破产前的日本航空也是如此。

所以，企业的存在方式，将影响商业文明的走向，进而影响人类整体文明的走向。日航的成功重建，不仅对于日航的3.2万名员工和他们的家庭，对选择日航服务的乘客，对于日本社会，乃至对于全球航空业及商业界都有着巨大的意义。而且我认为，在整个人类层面，这个经典案例必然会产生更为深远的意义。

日航的涅槃重生，再次证明了稻盛先生所遵循和倡导的利他哲学拥有化腐朽为神奇的巨大力量，这不仅是一家企业的成功，更是哲学的胜利，思想的胜利。

稻盛先生说："日本航空的重建，是我54年经营人生的集大成之作。"本书的巨大价值，就在于为读者展现了这个"集大成之作"中，原本不为外人所知的详细内容；揭示了稻盛先生运用利他哲学，运用正确的判断基准，去判断日航重建中的每一件事，以无私利他的精神向企业注入灵魂，最后成就伟业的整个过程。这本书不仅可以给予那些奋战在商业界的人信心和力量，同时也如同一本教科书一般，给予他们技术上详尽透彻的指导。

我相信，任何有志于在商业领域获得成就的人，乃至于任何组织的领导人，都能通过此书，学习稻盛先生的利他哲学，学习他的判断基准，并将其运用于商业实践，为组织注入灵魂，从而取得卓越的成果。

感谢大田先生为稻盛先生和日航所做的一切，感谢他将日航重建的整个过程记录成如此精彩的图书。同时也感谢东方出版社出版此书。更要感谢稻盛塾长数十年如一日的、了无私心的言传身教。

在当今这个商业世界，企业已经成为社会的核心组成部分。所以，改变企业，在某种意义上也就是改变世界。衷心祝愿本书的每一位读者，都能从本书中汲取力量与智慧，去改变自己，改变企业，改变世界。

曹寓刚

2019 年 4 月 11 日

于广西南宁

日航业绩状况（2006~2017年度）

亿日元

25000
20000
15000
10000
5000
0
-5000

2006　2007　2008　2009　2010　2011　2012　2013　2014　2015　2016　2017

1.0%　4.0%

-2.6%

-10.6%

13.8%

17.0%　15.8%

12.7%　13.4%

15.7%

13.2%　12.6%

■销售额　■营业利润　●营业利润率

※4~12月

年度	2006	2007	2008	2009	2010	2011	2012	2013	2014	2015	2016	2017
销售额 （亿日元）	23019	22304	19511	11448	13622	12048	12388	13093	13447	13366	12889	13832
营业利润 （亿日元）	229	900	-508	-1208	1884	2049	1952	1667	1796	2091	1703	1745
营业利润率 （%）	1	4	-2.6	-10.6	13.8	17	15.8	12.7	13.4	15.7	13.2	12.6

※4~12月

※资源来自日航官网
※因申请企业再生法，2009年度使用的是4~12月的数据
※2010年度的数据由致知出版社参考公开数据计算得出

图书在版编目（CIP）数据

日航的奇迹／（日）大田嘉仁 著；曹寓刚 译. —北京：东方出版社，2019.10
ISBN 978-7-5207-0735-0

Ⅰ.①日… Ⅱ.①大… ②曹… Ⅲ.①航空公司—企业改革—经验—日本
Ⅳ.①F563.136

中国版本图书馆 CIP 数据核字（2019）第 163112 号

JAL NO KISEKI © YOSHIHITO OOTA 2018
Originally published in Japan in 2018 by ChiChi Publishing Co., Ltd.
Chinese（Simplified Character only）translation rights arranged with
ChiChi Publishing Co., Ltd. through TOHAN CORPORATION, TOKYO.

本书中文简体字版权由株式会社东贩代理
中文简体字版专有权属东方出版社
著作权合同登记号　图字：01-2019-4352 号

日航的奇迹
（RIHANG DE QIJI）

作　　者：［日］大田嘉仁
译　　者：曹寓刚
责任编辑：钱慧春
责任审校：谷轶波　曾庆全
出　　版：东方出版社
发　　行：人民东方出版传媒有限公司
地　　址：北京市东城区朝阳门内大街 166 号
邮　　编：100010
印　　刷：北京联兴盛业印刷股份有限公司
版　　次：2019 年 10 月第 1 版
印　　次：2025 年 10 月第 20 次印刷
开　　本：787 毫米×1092 毫米　1/32
印　　张：8.75
字　　数：110 千字
书　　号：ISBN 978-7-5207-0735-0
定　　价：48.00 元
发行电话：(010) 85924663　85924644　85924641
